EL DISCURSO TURÍSTICO DE GUERRA
Y SU TRADUCCIÓN AL ALEMÁN

LOS FOLLETOS SOBRE LA RUTA DE GUERRA
DEL NORTE (1938)

EL DISCURSO TURÍSTICO DE GUERRA Y SU TRADUCCIÓN AL ALEMÁN

LOS FOLLETOS SOBRE LA RUTA DE GUERRA DEL NORTE (1938)

Marta Valdenebro Arenas

PUV
VNIVERSITAT
ⒹVALÈNCIA

Publicacions de la Universitat de València (PUV) is the publishing house of the Universitat de València (UV). We share the UV's mission to promote the dissemination and communication of scientific ideas, academic work and culture in the broadest sense.

PUV has no responsibility for the persistence or accuracy of URLs for external or third-party internet websites referred to in this publication and does not guarantee that any content on such websites is, or will remain, accurate or appropriate.

Publicación sometida
a *peer review*
PUV

© Marta Valdenebro Arenas, 2024
© This edition: Universitat de València, 2024

Publicacions de la Universitat de València
http://puv.uv.es
publicacions@uv.es

Layout & cover design: Publicacions de la Universitat de València

ISSN: 2605-4469
ISBN: 978-84-1118-407-6 (paperback)
ISBN: 978-84-1118-408-3 (PDF)
DOI: http://doi.org/10.7203/PUV-OA-408-3

Legal Deposit: V-2389-2024
Printed in Spain

CONTENIDOS

LISTADO DE TABLAS

LISTADO DE ILUSTRACIONES

LISTADO DE FIGURAS

LISTADO DE ABREVIATURAS

AGA – Archivo General de la Administración
ANT – *Actor network theory*
BNE – Biblioteca Nacional de España
EDT – Estudios descriptivos de traducción
HAT – Historisches Archiv zum Tourismus
PNT – Patronato Nacional del Turismo
SNT – Servicio Nacional del Turismo
TM – Texto meta
TO – Texto origen

INTRODUCCIÓN

Los comienzos de este trabajo se remontan a nuestra visita al Archivo Histórico del Turismo (Historisches Archiv zum Tourismus), situado en el Centro de Estudios Metropolitanos de la Universidad Técnica de Berlín (Alemania). Este archivo custodia documentos turísticos históricos procedentes de todo el mundo y que están escritos mayoritariamente en lengua alemana. En concreto, los folletos turísticos no catalogados sobre España llamaron nuestra atención desde el principio, debido a la imagen que proyectaban de nuestro país y a las diferencias que presentaban en comparación con los materiales de promoción turística más actuales.

La recopilación de los folletos turísticos institucionales sobre España en alemán en el Archivo Histórico del Turismo de Berlín despertó nuestra inquietud por localizar sus respectivos originales en español. Así, comenzó la búsqueda en diferentes archivos, bibliotecas, centros de documentación y bases de datos. Durante esta labor, localizamos otras publicaciones turísticas institucionales interesantes, tanto en español como en alemán, y creamos un catálogo digital[1] de estas.

Para la elaboración de esta obra, estudiamos los folletos turísticos publicados por el Servicio Nacional del Turismo (1938-1939), así como la labor de promoción turística realizada por esta institución en el bando sublevado durante la guerra civil española (1936-1939).

En líneas generales, las principales investigaciones sobre traducción turística se han centrado en prácticas y materiales promocionales más actuales. Por ejemplo, algunos autores[2] han evaluado y reflexionado acerca de la baja calidad de las traducciones en el sector turístico. Durán (2012a: 2) señala que la traducción turística "todavía no recibe la atención que merece en el sector turístico y no alcanza los niveles recomendables para un público exigente como son los turistas internacionales". Por su parte, Fuentes (2005: 60) alude a la inexperiencia y falta de profesionalización de los encargados de realizar las traducciones y a la escasa importancia

---

[1] Véase *Catálogo de publicaciones editadas entre 1928 y 1939 por las instituciones turísticas españolas y sus traducciones al alemán* (Valdenebro, 2023).

[2] Fuentes (2005), Nobs (2006), Ponce (2008) y Durán (2012a, 2012b), entre otros.

que le otorgan a esta tarea los propios agentes turísticos iniciadores de los proyectos de traducción.

Algo parecido sucede con las investigaciones sobre la historia del turismo en España, centradas a menudo en la época del *boom* turístico, cuyo mayor esplendor tuvo lugar en la década de los sesenta, cuando España alcanzó la condición de potencia turística. Así, la labor de promoción turística llevada a cabo por el Estado anteriormente no ha sido investigada hasta estudios recientes, a pesar de su importancia para asentar los cimientos de lo que acontecerá más tarde. De hecho, entre 1928 y mediados de los años cincuenta, España vivió toda una revolución turística, que sufrió un parón con el comienzo de la guerra civil española en 1936. Sin embargo, durante los tres años que duró la contienda, "el turismo no desapareció, sólo se volvió gris, tormentoso, con olor a pólvora y salva de mortero" (Correyero y Cal, 2008: 208) y ha sido objeto de valiosos estudios en diferentes disciplinas[3]. En 1938, concretamente, España demostraba que "la guerra y el turismo no son siempre incompatibles" (Bolín, 1967: 312) y se convertía en pionera del bautizado como "turismo de guerra" o "turismo político" por su connotación ideológica y propagandística (Brandis y del Río, 2004: 23).

Por tanto, durante la fase inicial de este trabajo intuimos que los discursos presentes en los folletos turísticos del Servicio Nacional del Turismo contenían mensajes ideológicos que reflejaban una determinada visión del mundo y, más específicamente, de España. Además, sospechamos que estas concepciones podrían variar en el momento de ser traducidas al alemán. Por ello, entendimos la relevancia de investigar el contexto en el que se publicaron los ejemplares y estudiar de forma retrospectiva y desde un punto de vista ideológico las labores de redacción y traducción turística dentro del Servicio Nacional del Turismo, prestando especial atención a los diversos agentes involucrados en estas actividades y a sus intervenciones en dichos procesos. En todo momento, fuimos conscientes de lo complejo que resulta investigar la ideología presente en productos textuales referidos a una realidad pasada. Por este motivo, fue necesario recurrir a métodos de investigación empíricos basados en herramientas teóricas y metodológicas diseñadas para proporcionar datos precisos y objetivos.

---

[3] Correyero (2004), Correyero y Cal (2008), Pack (2009) y Concejal (2014), entre otros.

En la actualidad, no existen investigaciones similares que estudien la relación entre ideología, agentividad y traducción turística (español-alemán) en el contexto comunicativo institucional. Este trabajo viene a llenar el vacío al respecto y persigue obtener resultados no solo en el terreno textual, sino también contextual, que contribuyan a la creación de nuevo conocimiento y al enriquecimiento teórico.

El objetivo principal de esta investigación es explorar el sistema de valores y, con ello, la ideología presente en el discurso turístico manifestado en folletos turísticos editados por el Servicio Nacional del Turismo en 1938, así como la configuración de la red de participantes implicados en el proceso de redacción y traducción al alemán de esas publicaciones.

Con el fin de acercarnos paso a paso a este objetivo general, se proponen los siguientes objetivos secundarios:

- Seleccionar del catálogo digital de publicaciones turísticas (1928-1939) los folletos objeto de estudio.
- Esbozar los hitos histórico-turísticos de la época en la que surgen dichos ejemplares.
- Localizar los archivos, bibliotecas, centros de documentación y bases de datos donde se ubica el material contextual generado durante el proceso de redacción y traducción de los folletos turísticos.
- Desarrollar una herramienta teórica que permita analizar los folletos turísticos combinando la perspectiva sociológica y lingüística.
- Proponer un modelo de análisis para examinar los ejemplares en diferentes estudios de caso.
- Definir y caracterizar el género *folleto turístico* propio del periodo estudiado, mediante un análisis descriptivo de sus parámetros extratextuales y textuales.
- Identificar los indicios que los diferentes participantes implicados en los procesos de redacción y traducción dejaron en los productos textuales definitivos, con especial atención a aquellos cargados ideológicamente.
- Descubrir el sistema de valores sobre el que se sustenta la ideología de uno de los grupos de poder dominantes presentes en el periodo estudiado y observar si ese sistema de valores se reconfigura en la traducción al alemán.

Para la consecución de estos objetivos, la obra queda estructurada en cinco partes: contextualización de la gestión turística promovida por el Servicio Nacional del Turismo en el bando sublevado durante la guerra civil española (capítulo 1), fundamentos teóricos de la investigación (capítulo 2), metodología y materiales de investigación (capítulo 3), estudios de caso (capítulos 4 y 5) y conclusiones. A estos capítulos les precede esta introducción y les sigue el apartado que incluye las referencias bibliográficas.

En el capítulo 1, que se titula "Gestión turística institucional en el bando sublevado durante la guerra civil española (1936-1939)", se lleva a cabo una revisión de los hitos histórico-turísticos del periodo en el que se generaron los folletos, con el fin de obtener una visión histórica de la realidad turística de España en aquellos turbulentos años. En concreto, se presentan los datos más relevantes sobre el organismo de publicación de los textos objeto de estudio: el Servicio Nacional del Turismo (1938-1939). Cabe destacar que este capítulo constituye en sí mismo un resultado de la investigación contextual, ya que contiene datos auténticos que no han sido estudiados hasta la fecha. Su lectura es fundamental para comprender los estudios de caso que se incluyen los capítulos 4 y 5.

En el capítulo 2, "Un enfoque integrador de acercamientos socioló-gicos y lingüísticos aplicados al análisis discursivo y traductológico de folletos turísticos editados por el Servicio Nacional del Turismo (1938)", se exponen detalladamente los pilares teóricos sobre los que se sustenta la investigación y se sugiere la combinación de algunos acercamientos sociológicos aplicados a la traducción y dos teorías lingüísticas, lo que permite estudiar los folletos turísticos desde una perspectiva contextual y textual.

El capítulo 3, "Metodología y materiales de investigación", se ocupa de la metodología empleada en el trabajo empírico y de los materiales de investigación: textuales y contextuales. Asimismo, se propone un modelo de análisis para el estudio de la traducción de folletos turísticos, se revisan las fuentes de documentación contextual de este trabajo y se describen aspectos significativos de las fases más importantes del proceso de ex-ploración textual: la preparación del material, la localización de datos y la presentación de resultados.

En los dos siguientes capítulos se recogen los estudios de caso de los folletos turísticos. En el capítulo 4 se realiza un análisis comparativo entre uno de los folletos en español y su traducción al alemán y en el capítulo 5, un análisis comparativo entre los dos folletos en español.

A continuación, resumimos las conclusiones del trabajo en lo que respecta a la consecución de los objetivos establecidos, tras lo cual apuntamos algunas perspectivas de investigación futura.

Por último, se ofrecen las referencias bibliográficas consultadas, clasificadas en dos grupos (fuentes primarias y fuentes secundarias) y ordenadas alfabéticamente.

CAPÍTULO 1. GESTIÓN TURÍSTICA INSTITUCIONAL EN EL BANDO SUBLEVADO DURANTE LA GUERRA CIVIL ESPAÑOLA (1936-1939)

Desde finales de los años veinte, se estaban asentando, con mayor y menor acierto, las bases del sistema turístico contemporáneo en España. La institución responsable de ello fue el Patronato Nacional del Turismo (en adelante PNT[1]).

El año 1936 fue un año especialmente complicado por el contexto nacional e internacional. En febrero de ese año, España estaba inmersa en un enfrentamiento electoral muy polarizado con un clima caracterizado por la tensión y violencia social, por la conflictividad sociolaboral y por la preparación del golpe de Estado que llevó a la guerra en julio. En el ámbito internacional, las tensiones también se agravaron.

El sector turístico español entró en crisis y la evolución turística tan positiva de los años anteriores se vio interrumpida con el estallido de la guerra civil española en 1936, cuando el país se dividió en dos. Esta ruptura repercutió también en las instituciones turísticas, que vivieron por su parte una división análoga. Así, mientras que en la España del bando republicano el Patronato Nacional del Turismo, adscrito al Ministerio de Propaganda, se mantuvo como tal, en la España del bando sublevado se creó el Servicio Nacional del Turismo, dependiente del Ministerio de Interior.

Desde ese momento, cada bando desarrollará sus propias actuaciones propagandísticas y utilizará sus servicios turísticos, a diferente escala, para defender sus respectivas causas.

---

[1] Para más información sobre las abreviaturas, remitimos al listado de abreviaturas de este trabajo.

1.1 EL TURISMO COMO UNA HERRAMIENTA PROPAGANDÍSTICA EN TIEMPOS DE GUERRA

Antes de continuar, consideramos necesario precisar el término *propaganda,* ya que tiene gran relevancia para esta investigación y en la actualidad está cargado con cierta connotación negativa:

> El uso de la palabra propaganda tiene en nuestros días un carácter peyorativo: calificar de propaganda un mensaje cualquiera puede equivaler a que este sea considerado negativo, falso o carente de honradez. En efecto, propaganda se asocia a control, a una pretensión de alterar o mantener un determinado equilibrio de poder a favor del emisor del mensaje, es decir, del propagandista (Álvarez Llaneza, 2019: 4-5).

El sustantivo *propaganda* proviene del verbo latino *propagare* que significa 'perpetuar, acrecentar, extender'. El *Diccionario de la lengua española* de la Real Academia Española (2014) define *propaganda* como la "[a]cción o efecto de dar a conocer algo con el fin de atraer adeptos o compradores". Esta definición se refiere a un concepto generalizado del término *propaganda* que es extensible a cualquier contexto. Este era el caso del contexto comunicativo-turístico de finales de los años veinte y principios de los treinta en España.

El propio *Diccionario de la lengua española* (2014) ofrece otra acepción del término *propaganda*: "[a]sociación cuyo fin es propagar doctrinas, opiniones, etc.". Además, de todas las definiciones del término *propaganda* existentes, nos gustaría destacar la de Violeta Edwards, ya que pone el foco en el carácter adoctrinador y manipulador de la propaganda y, a nuestro juicio, es la más sencilla, precisa y neutra:

> Propaganda es la expresión de una opinión o una acción por individuos o grupos, deliberadamente orientada a influir en opiniones o acciones de otros individuos o grupos para unos fines predeterminados y por medio de manipulaciones psicológicas (Edwards, 1938: 40).

Con el estallido de la guerra civil española, la situación cambia y el contexto turístico-comunicativo es muy diferente al de la etapa anterior, puesto que se trata de un conflicto bélico y a la vez político entre dos posiciones contrapuestas en España. De hecho, esta guerra ha sido descrita también como una "guerra de ideas", en la que era más necesario *convencer*, que *vencer*. Mediante la organización de estructuras y medios propagandísticos acordes con la época, se desarrolló, en paralelo al conflicto bélico, también una "guerra de informaciones" en la que la propaganda se convirtió en un arma bélica más.

Brandis y del Río (2016: 5) señalan que, durante la contienda, ambos bandos utilizaron el turismo como una herramienta propagandística dirigida, sobre todo, al ámbito internacional, con el propósito de influir en los receptores a través de la manipulación de sus ideas, sentimientos y mentalidad. En este caso, de los receptores ya no solo se esperaba que consumieran el producto turístico, es decir, que visitaran España, sino también que compartieran los principios políticos de la entidad emisora. A partir de entonces, la propaganda turística se caracteriza por ser una forma de adoctrinamiento y manipulación política a favor de un grupo y en contra del otro, es decir, queda sometida a los intereses políticos de los dos bandos enfrentados.

A continuación, presentamos la labor del Servicio Nacional del Turismo (1938-1939), institución turística presente en el bando sublevado durante la guerra civil española (1936-1939) y organismo responsable de la publicación de los folletos turísticos objeto de estudio en este trabajo.

1.2 EL SERVICIO NACIONAL DEL TURISMO (1938-1939)

En el bando sublevado la organización fue más tardía, pero más efectiva que en el bando republicano. En 1938, se creó el Servicio Nacional del Turismo[2] (en adelante SNT), dependiente del Ministerio de Interior. Como se recoge en este apartado, la labor de promoción turística del SNT y, en consecuencia, su labor editorial y traductora fueron muy cortas, debido a la situación histórica que estaba viviendo España.

Al frente de esta institución se nombró a Luis Antonio Bolín Bidwell (1894-1969), que llevó a cabo una importante y singular gestión turística, acorde con los dictámenes del aparato de propaganda franquista. Cuando Bolín tomó posesión del cargo, el panorama institucional turístico en la España sublevada era desolador, como es lógico, ya que el país se encon-

---

[2] El Servicio Nacional del Turismo se creó por ley de 30 de enero de 1938, publicada en el *Boletín Oficial del Estado* el 31 de enero de 1938.

traba en medio de una guerra. Así, se contaba con pocos funcionarios de turismo, y los paradores, albergues y oficinas de información necesitaban atención y cuidado, aunque continuaban prestando servicio.

Las oficinas de la Dirección General del SNT se instalaron provisionalmente en Burgos, la capital de la zona sublevada durante toda la guerra.

La política turística desarrollada por el SNT se basó en la instrumentalización del turismo como elemento propagandístico para legitimar y justificar la sublevación militar del bando franquista como necesaria para la salvación del país. Esta legitimación exterior, por la mayor parte de los países extranjeros y no solo la de sus aliados, Alemania e Italia, era necesaria, ya que estos países serían los mercados emisores que aportarían los turistas. Siguiendo a Moreno (2010: 104), los "[r]egímenes totalitarios como los fascistas fueron verdaderos maestros en su utilización como instrumento para adoctrinar a las masas".

En el mismo año de su creación, el SNT diseñó y lanzó el proyecto turístico Rutas Nacionales de Guerra, que eran las primeras excursiones colectivas organizadas en España (Bolín, 1967: 314) y que formaban parte de una nueva modalidad turística etiquetada como "turismo de guerra", que revisamos a continuación.

1.3 LAS RUTAS NACIONALES DE GUERRA

En la España de 1936 a 1939, surgieron tres tipos de "turismo de guerra", tal y como apunta Vallejo:

> El primero es de los viajes espontáneos, individuales, familiares o en pequeños grupos a los frentes de guerra; el segundo, el de los viajes individuales o colectivos al país, para conocer la situación de sus gentes y acudir a los escenarios de la guerra, financiados institucionalmente; en tercer lugar, tenemos los viajes colectivos mercantilizados, organizados oficialmente, a los paisajes castigados por la guerra, que en el caso español recibieron el nombre de Rutas de Guerra (Vallejo, 2019: 124).

El tercer grupo lo conformaba el proyecto turístico Rutas Nacionales de Guerra, que eran viajes organizados y guiados a través de las zonas conquistadas a la España republicana, donde ya había acabado la guerra, y que estaban principalmente destinados al público extranjero. Con el fin de obtener información sobre este proyecto turístico, hemos recurrido también a fuentes documentales localizadas en el Archivo General de la Administración (en adelante AGA), situado en Alcalá de Henares, Madrid (España).

El ideólogo de las rutas fue Luis Antonio Bolín Bidwell, quien rápidamente se puso manos a la obra para sacar adelante el proyecto. De hecho, en tan solo 120 días tuvo que poner en marcha el primer viaje, y no le resultó nada fácil conseguir los veinte autocares que eran necesarios. Cada autocar llevaba el nombre de una batalla: Teruel, Alfambra, Belchite, Oviedo, Santander, Alcázar de Toledo, etc. Finalmente, las excursiones se iniciaron el 1 de julio de 1938 y los primeros pasajeros fueron tres religiosas francesas y un periodista inglés de izquierdas.

Tal y como recoge Concejal (2014: 260), la idea inicial de este plan era la preparación de cuatro rutas: la n.º 1, del Norte, la n.º 2, de Aragón, la n.º 3, del Centro (Madrid), y la n.º 4, de Andalucía. El Decreto de 25 de marzo de 1938 autorizaba al Ministerio de Interior para organizar, por medio del SNT, un circuito de viaje denominado Ruta de Guerra del Norte, destinado principalmente a turistas extranjeros. Dadas las circunstancias, la escasez de recursos, la limitación medios (Bolín, 1967: 311) y la celeridad con la que había que poner en marcha el proyecto[3], esta fue la única ruta que pudo prepararse en su totalidad.

Gracias a las investigaciones realizadas en el AGA, hemos obtenido los documentos generados por el SNT que sirvieron para poner en marcha las Rutas Nacionales de Guerra[4]. Así, la Ruta de Guerra del Norte se diseñó con tres itinerarios, cuyos datos principales resumimos aquí:

Itinerario "F"

- Estaba dirigido a los turistas que entraban por la frontera de Francia; con salidas periódicas desde Irún para llegar a Oviedo

---

[3] Otro decreto, el 29 de octubre de 1938, ampliaba la autorización que se había concedido a la "Ruta de Guerra del Norte", en igualdad de condiciones, a otras Rutas Nacionales de Guerra.

[4] Los documentos generados por el SNT sobre las Rutas Nacionales de Guerra se encuentran en el Archivo General de la Administración de Alcalá de Henares, Madrid (España), (3) 49.2.12.028.

pasando por San Sebastián, Bilbao, Santander y Gijón. Los turistas que participaban en este itinerario eran citados el día de salida de la expedición a las 9 horas en el Hotel Jauregui de Fuenterrabía.

- El precio de este itinerario era de 400 pesetas y las agencias de viaje tenían una comisión de 40 pesetas.
- La duración del viaje era de nueve días, con un recorrido total de 1.101 kilómetros.
- El viaje comprendía transporte, alojamiento en hoteles de primera clase, desayuno, comidas, propinas, transporte de equipaje y seguro de viajero.
- El viaje se efectuaba en autocares Pullman, de treinta y tres plazas, con un guía-intérprete[5]. La capacidad máxima era de 99 turistas, es decir, tres autocares cada día de salida.
- Los autocares emprendían el viaje independientemente del número de turistas reunidos.

Itinerario "P"

- Estaba dirigido a los turistas que entraban por la frontera de Portugal; con salidas periódicas desde Tuy, en la frontera de Portugal, para visitar Santiago de Compostela, Lugo y Oviedo, y finalizar en Santander.
- El precio de este itinerario era de 400 pesetas y las agencias de viaje tenían una comisión de 40 pesetas.
- La duración del viaje era de nueve días, con un recorrido total 1.550 kilómetros.
- El viaje comprendía transporte, alojamiento en hoteles de primera clase, desayuno, comidas, propinas, transporte de equipaje y seguro de viajero.
- El viaje se efectuaba en autocares Pullman, de treinta y tres plazas, con un guía-intérprete.

[5] El 20 de mayo de 1938, se publicaba en el *Boletín Oficial del Estado* la convocatoria de un concurso para la provisión de quince plazas de guías-intérpretes-auxiliares, para acompañar e informar a los viajeros que visitaban las Rutas Nacionales de Guerra. El 16 de noviembre de 1938, se publicaba en el *Boletín Oficial del Estado* otra convocatoria de concurso para cubrir siete plazas de guías-intérpretes-auxiliares.

Itinerario especial

- Partía de San Sebastián para llegar hasta Santiago de Compostela, las rías de Pontevedra y Vigo, y La Coruña.
- Este viaje, por su carácter especial, se efectuaba en fechas previamente fijadas de acuerdo con las agencias de viajes.
- Estas expediciones salían con un número mínimo de quince viajeros.
- A los participantes, en este itinerario especial, se les citaba el día de la salida, a las 8 horas, en las oficinas del SNT en San Sebastián.
- Para los españoles que deseaban participar en este circuito ampliado de la Ruta de Guerra del Norte, se establecieron cupones especiales al precio de 590 pesetas. La comisión para las agencias de viaje era de 40 pesetas por cupón. El Banco de España de las ciudades de San Sebastián, Vigo, La Coruña, Valladolid, Palma de Mallorca, Sevilla, Málaga, Granada y Barcelona era el organismo que autorizaba la expedición de los cupones.
- Los cupones dirigidos a turistas de nacionalidad española no se podían vender a súbditos extranjeros, al menos que estos acreditaran de forma documental llevar seis meses de residencia en territorio nacional.
- Los extranjeros que quisieran adquirir el cupón especial para visitar la Ruta de Guerra del Norte, pagadero en divisas extranjeras, debían dirigirse a las oficinas del SNT en San Sebastián.

Otro de los documentos generados por el SNT que recopilamos fueron unas instrucciones para los turistas extranjeros[6] sobre:

- el equipaje: debía de ser una maleta por persona y un maletín pequeño;
- el pasaporte: debía estar visado por el Consulado español en el país extranjero;
- las normas sobre las divisas: los turistas debían declarar el dinero a la entrada y a la salida del territorio español; la cantidad de

---

[6] Los documentos generados por el SNT sobre las Rutas Nacionales de Guerra se encuentran en el Archivo General de la Administración de Alcalá de Henares, Madrid (España), (3) 49.2.12.028.

divisas extranjeras a su salida no podía exceder a la cantidad que había sido declarada a la entrada; no podían sacarse pesetas, etc.;
- las fotografías: estaba prohibida la entrada y salida de máquinas fotográficas, pero podían comprar fotografías;
- los mapas: también se prohibía la entrada y salida de mapas en la España del bando sublevado, pero se les podía entregar un folleto con el mapa del recorrido, si no disponían de este;
- la vestimenta: se les aconsejaba llevar chubasquero y traje de baño.

Además, todo turista de nacionalidad española o extranjera con seis meses de residencia en territorio nacional quedaba obligado de procurarse el salvoconducto que le permitiese efectuar el viaje.

Como se puede apreciar, el SNT gestionó las rutas de manera estricta, en lo que se refiere a la introducción de moneda extranjera y al material fotográfico y documental, estableciendo rígidas condiciones para los viajeros que visitaran la Ruta de Guerra del Norte.

Correyero y Cal (2008) se hacen eco de lo que Francisco de Cossio recogió en su artículo "Un Decreto revelador de nuestra causa. La paz en la guerra", publicado en el diario *El Norte de Castilla* el 9 de junio de 1938, dos días después de la rueda de prensa de presentación de los itinerarios ofrecida por Ramón Serrano Suñer[7]. En este artículo se resume lo que representaban las rutas:

> Verán en primer término, un país en efervescencia reconstructiva, y en él todos los organismos e instituciones del Estado funcionando en su actividad asombrosa; verán minas, fábricas, puertos, comercio, ferroca-rriles, en vértigo producción que triplica la normal española antes de la guerra [...]; verán orden, disciplina y entusiasmo en las ciudades, que aparecerán a sus ojos limpias, urbanizadas, con magníficos hoteles y centros de diversión y recreo [...] (De Cossio, 1938, citado en Correyero y Cal, 2008: 249).

---

[7] Ramón Serrano Suñer (1901-2003) fue un político y abogado español, conocido por ser el ministro de Asuntos Exteriores durante el régimen franquista en España. Fue uno de los más cercanos colaboradores del general Franco y desempeñó un papel importante en la política exterior del régimen.

Las rutas fueron paquetes turísticos destinados, fundamentalmente, al público extranjero, "a los ciudadanos de los países civilizados", tal y como señalaba Serrano Suñer, en la rueda de prensa mencionada (Correyero, 2004: 60). Como el propio Bolín relata en su libro: "la España nacional tenía mucho que ganar siendo mejor conocida. Convenía que la vieran de cerca quienes de lejos no acertaban a comprenderla leyendo periódicos extranjeros" (Bolín, 1967: 311).

Con el objetivo de que los turistas extranjeros experimentaran de primera mano lo que acontecía en los distintos frentes de guerra y vender este paquete turístico en el exterior, el SNT tuvo que tejer una red de contactos y relaciones con multitud de agencias de turismo de toda Europa. Así lo refleja Concejal (2014: 262), quien apunta que, el 20 de abril de 1938, el jefe del SNT remitió un escrito a Laureano de Armas Gourie, presidente del Cabildo de Gran Canaria de 1927 a 1929, encomendándole la tarea de establecer los contactos con las agencias en el extranjero. Los principales países eran Francia, Inglaterra, Bélgica, Holanda, Alemania, Suiza, Italia y posiblemente Portugal, que serían los mercados emisores de turistas. Siguiendo a Concejal:

> Destaca la importancia de la visita realizada a Alemania e Italia, países aliados del bando nacional, donde se hubo de acudir a las entidades estatales que gestionaban las actividades turísticas comerciales, así como a todo tipo de organizaciones afines al Movimiento (Concejal, 2014: 262).

Además de tejer una red de contactos en Europa, el SNT publicó material promocional de las rutas, que internacionalizó gracias a la traducción. El material promocional de las rutas estaba compuesto por folletos informativos y carteles, preparados por el SNT para ser exhibidos en los escaparates de las agencias y entregados a los viajeros interesados. Como apuntamos más adelante, en el caso de la Ruta de Guerra del Norte se realizaron versiones en seis idiomas. En los estudios de caso de este trabajo, analizamos con detalle dos de los folletos turísticos sobre dos itinerarios diferentes de la Ruta de Guerra del Norte en español y la traducción al alemán de uno de ellos.

Tal y como apunta Concejal (2014), el 7 de junio de 1938, el Ministerio del Interior justificaba la creación de la Ruta de Guerra del Norte como "inteligente propaganda de la Causa" y fuente de obtención de divisas extranjeras. La Ruta de Guerra del Norte nacía con un doble objetivo:

ideológico y económico. De este modo, el turismo se convertía no solo en un instrumento propagandístico fundamental para el bando sublevado, sino también en importante fuente de financiación controlada totalmente por el SNT (Concejal, 2014: 264).

Todo ello formaba parte de una gran campaña de propaganda del Régimen hacia el exterior. Fernández Fúster (1991) hace hincapié en definir las rutas como una actuación política y propagandística, más que como un hecho turístico en sí. Con la creación del SNT se abre una nueva etapa de clara instrumentalización del turismo "tanto para legitimar un gobierno como para promover, entre la población autóctona y entre los extranjeros curiosos que nos visitasen, el deseo de conocer la historia reciente" (Correyero y Cal, 2008: 481-482). Tal y como apunta Concejal (2014: 272), "ni en los años más duros, como lo fueron los de la Guerra Civil, se quiso prescindir de esta potente herramienta de propaganda política [el turismo]".

De la aceptación y los resultados de las Rutas Nacionales de Guerra en el exterior no se encuentran demasiados datos, pero, según Correyero (2011: 10), "a finales de 1939 el balance de los ingresos generados por las rutas en los 18 meses de funcionamiento ascendía a 1.302.533 pesetas y sus beneficios se cifraban en 270.377 pesetas" y "[l]os autocares habían transportado a más de 8.000 pasajeros".

Por otro lado, Vallejo (2019) señala que la repercusión económica para el bando sublevado no fue tan relevante como la propagandística:

> Las cifras manejadas por quienes las han estudiado ponen de relieve que los ingresos de las rutas favorecieron casi más a las empresas implica-das (sobre todo a los hoteles y a las agencias de viajes que vendieron el producto) que al incipiente Estado franquista; cuestión distinta fue el impacto psicológico y la fuerza propagandística que las Rutas de Guerra tuvieron, esto es, sus valores intangibles (Vallejo, 2019: 127).

Tras el fin de la Guerra Civil en 1939, el Servicio Nacional del Turismo se transformó en la Dirección General de Turismo (DGT). Por su parte, las Rutas Nacionales de Guerra se convirtieron en las Rutas Nacionales de España (1940) y, poco a poco, fueron perdiendo su objetivo político y propagandístico (Fernández Fúster, 1991), para empezar a ser consi-deradas como una actividad eminentemente turística.

CAPÍTULO 2. UN ENFOQUE INTEGRADOR DE ACERCAMIENTOS SOCIOLÓGICOS Y LINGÜÍSTICOS APLICADOS AL ANÁLISIS DISCURSIVO Y TRADUCTOLÓGICO DE FOLLETOS TURÍSTICOS EDITADOS POR EL SERVICIO NACIONAL DEL TURISMO (1938)

En este capítulo se revisan los dos bloques teóricos que sustentan este trabajo. En primer lugar, presentamos algunas aproximaciones al concepto de ideología y los principales enfoques que han estudiado la traducción desde la perspectiva ideológica desde sus orígenes hasta la actualidad. Además, repasamos planteamientos teóricos que surgieron en los estudios de traducción con la llegada del *giro sociológico* y algunos acercamientos a la traducción que permiten estudiar los textos y sus traducciones desde una perspectiva contextual y la labor de traducción como una práctica social en la que están implicados diferentes participantes.

En segundo lugar, examinamos los dos acercamientos lingüísticos que complementan este estudio traductológico en el nivel textual: el concepto de género textual y la teoría de la valoración.

Por último, revisamos críticamente los conceptos expuestos, seleccionamos los más relevantes para este estudio y sugerimos su aplicación al análisis discursivo-traductológico del material objeto de estudio.

2.1 ACERCAMIENTOS SOCIOLÓGICOS APLICADOS AL ANÁLISIS DISCURSIVO Y TRADUCTOLÓGICO DE FOLLETOS TURÍSTICOS EDITADOS POR EL SERVICIO NACIONAL DEL TURISMO (1938)

En este primer bloque teórico se revisa la relación entre ideología, discurso, traducción y sociología. A continuación, se rescatan los aspectos más relevantes de la evolución del concepto de *ideología* en relación con la traducción, no sin antes ofrecer diferentes aproximaciones al respecto.

2.1.1 Aproximaciones al concepto de ideología

El *Diccionario de la lengua española* (2014) define *ideología* como "[c] onjunto de ideas fundamentales que caracteriza el pensamiento de una persona, colectividad o época, de un movimiento cultural, religioso o político"[1]. Sin embargo, definir este término de forma unánime nunca ha sido una tarea sencilla por la dificultad que existe a la hora de comprender y delimitar el concepto[2].

Eagleton (1991: 1-2) ofrece un listado con diferentes acepciones del término *ideología*, entre las que destacamos y resumimos en español las siguientes: 1) un conjunto de ideas característico de una clase social concreta, 2) ideas –a veces falsas– que ayudan a legitimar un poder político dominante, 3) comunicación distorsionada sistemáticamente, 4) formas de pensamiento motivadas por intereses sociales, 5) la conjunción de discurso y poder, y 6) el medio por el que los actores sociales dan sentido a su mundo de manera consciente. Como podemos observar, en estas definiciones destacan nociones relacionadas con *lo social*, la comunicación, el discurso, los intereses y el poder.

Al revisar las interpretaciones tradicionales que han surgido a la largo de la historia y tomando como referencia el mapeado de Di Pasquale (2012: 99-101), creemos que la propuesta de Van Dijk (1999: 13-28, citado en Di Pasquale, 2012: 101) es la más completa, ya que considera que las ideologías pertenecen al campo del cognitivo y de lo social, al tiempo que permite comprender cómo las ideologías son expresadas o vividas por los actores y cómo funcionan en prácticas sociales cotidianas. Este acercamiento permite relacionar el fenómeno de la ideología con nociones como sociedad, poder, grupos, legitimación, creencias, discursos y, desde nuestro punto de vista, con la práctica de la traducción. Consideramos que la concepción actual de ideología no debe tener una connotación negativa *per se*, como sí sugieren otros autores[3].

---

[1] Disponible en: <https://dle.rae.es/ideolog%C3%ADa> (último acceso: 14/04/2024).

[2] Autores como Eagleton (1991) o Van Dijk (1997), entre otros, han realizado aportaciones al respecto.

[3] Marx y Engels (1985: 16, 26-27, 274, 409-411, 544-545, citado en Di Pasquale, 2012: 99).

Además, el concepto de *ideología* está vinculado con el de *discurso*, y la ideología puede contemplarse como un campo discursivo en el que poderes sociales que se promueven a sí mismos entran en conflicto. Se deduce que los discursos

> son modos de acción e interacción social, ya que, ubicados en contextos sociales, los participantes no son tan solo hablantes/escribientes y oyentes/lectores, sino también actores políticos que actúan como miembros de grupos y culturas (Di Pasquale, 2012: 102).

Estos *participantes* comparten socialmente las mismas reglas y normas discursivas. Así, como afirma Di Pasquale (2012: 102),

> los discursos son espacios sociales que reflejan las representaciones de dichos actores y, por tanto, siempre tienen una intencionalidad, ya sea la legitimación de cierto orden político o la resistencia a un nuevo modelo social, o ambas (Di Pasquale, 2012: 102).

Las ideologías dominantes emplean frecuentemente estrategias como la "unification, spurious identification, naturalization, deception, self-deception, universalization and rationalization" (Eagleton, 1991: 222) para promocionar sus valores y legitimarse. A modo de ejemplo, se presentan aquí las estrategias de la *naturalization* (naturalización) y *universalization* (universalización), que representan las estrategias que los grupos dominantes emplean al expresar sus creencias como algo evidente y aparentemente inevitable, o la estrategia de la *deception* (engaño, mentira), que persigue deformar las ideas o creencias que puedan desafiar las del grupo dominante.

Di Pasquale (2012: 108) retoma la idea de la *invisibilidad* de la ideología sugerida por Bourdieu y recomienda a los investigadores en este ámbito tener presente que la ideología se propaga de manera silenciosa y sutil. En nuestra opinión, esta es la característica que hace más difícil el estudio de la ideología.

En el caso de las traducciones, estas son también productos textuales sobre los que influye la ideología a lo largo de todo el proceso de traducción. En la actualidad, afortunadamente, el estudio de la traducción como una actividad de carácter ideológico es algo frecuente.

Vences (2001) entiende que traducir

> supone, lógicamente, *saber* (esto es, a nivel lingüístico, conocer tanto
> la lengua de partida como la de llegada; pero, además del *texto*, hay que
> conocer el *contexto*, es decir, cuanto atañe a la economía, a la sociedad,
> a la política, a la cultura, expresadas en ambas lenguas); y, además de
> entender, hay, evidentemente, que *interpretar* (Vences, 2001: 265).

Según Vences (2001: 265), el concepto de ideología no se refiere a un conjunto de ideas o creencias que expresan las ideas de un grupo social en particular, sino que es mucho más amplio y hace referencia a una *concepción del mundo* o *cosmovisión*, en alemán una *Weltanschauung*. Por esta razón, para entender correctamente un texto, los profesionales de la traducción deberán conocer, primeramente, el contexto en el que se generó y, en segundo lugar, la *Weltanschauung* propia del momento en el que se enmarca el producto textual.

Además, los investigadores que estudian la traducción desde la perspectiva ideológica deben comprender que las ideologías son modos de saber y de hablar del mundo y han de entenderse como prácticas sociales discursivas y *cosmovisiones* que enmascaran relaciones de poder entre diferentes grupos sociales.

2.1.2 El estudio de la traducción desde la perspectiva ideológica

Los orígenes de la relación entre ideología y traducción podrían establecerse en los enfoques funcionalistas y discursivos. Estos enfoques logran avanzar al abordar el concepto de ideología y situar el texto dentro de su contexto cultural. Sin embargo, no es hasta la década de los setenta del siglo XX, cuando la teoría del polisistema (Even-Zohar, 1978) sitúa el texto traducido también en su contexto sociohistórico y se reconoce la influencia y el condicionamiento de factores externos al texto, como el poder. Dentro del enfoque sistémico, encontramos la propuesta de Toury (1980, 1995/2012), quien introduce el concepto de *norma* como un conjunto de ideas o valores que la comunidad tiene sobre lo que es adecuado y lo que no lo es. Toury clasifica las normas según la orientación que adopte el traductor en su toma de decisiones: si las normas se orientan hacia la cultura origen, se trata de *adecuación*, mientras que, si lo hacen hacia la cultura meta, se trata de *aceptabilidad*. De este modo, Toury consigue aproximarse a la influencia de la ideología en los procedimientos de traducción adoptados por el traductor y situar cada traducción en un momento histórico específico.

Uno de los autores que reformuló la propuesta de Toury es Chesterman (1997, 2000, 2004), quien busca equilibrar la importancia otorgada al producto y al proceso de la traducción, lo que nos permite aproximarnos más a la realidad y considerar aspectos ideológicos que Toury no abordaba. Chesterman (1997: 47) propone un enfoque más completo y detallado del análisis textual de traducciones y sugiere una doble aproximación que permita entender los textos en su entorno; también propone buscar explicaciones a nivel micro- y macrotextual en el estudio de traducciones. Las primeras se enfocan en responder al porqué y se refieren a las razones intrínsecas al traductor. Las segundas se centran en buscar las causas en el entorno que rodea la mente del traductor.

Dentro de este paradigma descriptivo también se encuentra el *cultural turn*[4] (giro cultural) desarrollado por autores como Hermans (1985, 1999, 2002), Lambert (1985, 1995), Lefevere (1982, 1985, 1992), Bassnett (1980, 1985) o Tymoczko (1985, 1990, 2002, 2006, 2010). Este grupo estudia la relación entre traducción e ideología al situar el texto meta dentro del contexto sociohistórico y cultural meta, e introduce cuestiones como las de *manipulación, reescritura* o *poder*, que influyen en la producción y recepción de traducciones. Estos investigadores parten de la idea de que "all translation implies a degree of manipulation of the source text for a certain purpose" (Hermans, 1985: 11). Por este motivo, se le ha bautizado también como escuela de la manipulación.

Como veremos también en el capítulo 3 de este trabajo, una de las aportaciones más interesantes para esta investigación es la de una de las integrantes de la escuela de la manipulación: Tymoczko (1985, 1990, 2002, 2006, 2010). Esta autora destaca que la traducción cultural es el principal espacio para la manipulación de los textos, y que los intereses culturales y económicos están siempre presentes en toda traducción, tanto de la cultura emisora como de la cultura receptora. De hecho, sostiene que la traducción no surge en un espacio neutral y que todos los participantes involucrados en el proceso tienen sus propias posiciones éticas, políticas e ideológicas.

---

[4] Término acuñado por Snell-Hornby (1995, 2006).

Retomando los presupuestos básicos de la escuela de la manipulación[5], esta comparte una serie de premisas con la teoría de polisistema y su concepto de norma, pero aborda la traducción no en relación con la ideología, sino a partir de esta, es decir, considerándola una actividad ideológica en sí misma. Además, esta escuela considera que los traductores disponen de un enorme poder de manipulación, pero que no actúan con total libertad, puesto que ellos mismos también son manipulados por otros *agentes* (Chesterman, 1997: 39). En otras palabras, el traductor puede manipular la traducción del texto origen condicionado a su vez por otros factores externos, como las relaciones de poder. Esta nueva orientación persigue esclarecer qué papel desempeñan los grupos de poder, las instituciones y los mecanismos de control a la hora de configurar la literatura de una sociedad.

2.1.3 El estudio de la agentividad en traducción

El concepto de *agentividad* surge a raíz del *giro sociológico*[6] en los estudios de traducción, que nace del interés por conocer más sobre los diferentes procesos en los que se ve envuelta la actividad traductora y que se centra en la importancia de las personas que están detrás de los textos (Paloposki, 2010: 88). A partir de ese momento, se comenzó a otorgar mayor importancia al papel del traductor y a destacar su visibilización a través de sus decisiones e intervenciones durante el proceso de traducción, con lo que surgieron numerosos trabajos que consideraban al propio traductor como objeto de estudio: "the sociology of translators" o "TranslatOR Studies" de Chesterman (2009).

No obstante, enfocar la investigación únicamente en el traductor como el único responsable del proceso de traducción resulta insuficiente e implica no tener en cuenta la presencia de otros participantes que

---

[5] Véase *The Manipulation of Literature* (1985) de Hermans, obra que recoge los principales trabajos al respecto.

[6] En 1993, Zlateva publicaba la obra *Translation as Social Action,* un compendio de artículos centrados en la traducción como acción social, y presentaba al traductor como un *agente* de pleno derecho. Dos años más tarde, Venuti publicaba su obra *The Translator's Invisibility*, considerada por algunos autores como el punto de partida de lo que Michaela Wolf (2006) describe como un *sociological turn* en los estudios de traducción.

intervienen en el proceso con funciones concretas (Jansen y Wegener, 2013: 6). Así, cada vez son más los investigadores que tienen como objeto de estudio también a los otros *agentes* implicados en el proceso de traducción –"the sociology of agents" de Wolf (2006)–, que, a menudo, ejercen su influencia de forma oculta, ya que por convención son más *invisibles* que el propio traductor (Jansen y Wegener, 2013: 3-4). Jansen y Wegener (íd.). sostienen que, aunque el traductor sea el agente principal del proceso de traducción y el más *visible*, los demás agentes ejercen una gran influencia sobre el traductor y sobre el texto traducido *behind the scenes*. Esto probaría que el traductor no es el único que *interviene* en el texto traducido (Meier, 2007; Munday, 2007).

En la actualidad, no existe una definición unánime del concepto de *agentividad* en traducción. Buzelin (2011: 7) sostiene que la agentividad es "the ability to exert power in an intentional way". Kaptelinin y Nardi (2006: 33) afirman que la agentividad es "the ability and need to act". Para esta investigación se ha elegido la definición de *agentividad* de Kinnunen y Koskinen (2010*b*: 6): "willingness and ability to act", ya que permite aunar el concepto de *willingness* (inclinación), el de *ability* (habilidad, que implica *elección*) y el de *acting* (acción o actuar). El concepto de acción también está vinculado con la naturaleza temporal de la agentividad, que siempre está situada en un espacio y tiempo.

Khalifa (2014) relaciona la agentividad en traducción con la relación entre poder e ideología y apunta que

> translatorial agency can be thought of as being practiced in specific socio-historical conditions, as part of the interplay of power strategies and influence attributed to the agents involved, and hence it is always a site of multiple determinations and actions. To address the idea of agency in translation is thus to highlight the interplay of power and ideology: what gets translated or not and why is always (at least partly) a matter of exercising power or reflecting authority (Khalifa, 2014: 14).

Tampoco existe un consenso con respecto a quiénes son los *agentes* en traducción. Si tomamos como referencia la definición de Sager (1994: 321) que aportan Milton y Bandia (2009: 1), los agentes en traducción son personas que se localizan entre el traductor y el usuario final de la traducción. Asimismo, estos autores eligen esta definición como base de su teoría e incluyen también al propio traductor como agente (íd.).

Otros autores van más allá y consideran agentes también a entidades no humanas que ejercen su poder de manera intencionada (Buzelin, 2005). Con el fin de comprender mejor la importancia de la agentividad en el proceso de traducción, Alvstad et al. (2017) comparan el proceso de gestación de una traducción con el de una obra teatral o una película:

> If the translator may be depicted as a performing artist, all the other agents involved may be seen as the production team around a stage or set — directors, scenographers, technicians, hairdressers, stagehands, roadies — or as spectators (Alvstad et al., 2017: 3).

Bassnett (2017: 119) utiliza una metáfora muy parecida a la anterior y define la traducción como un proceso multivocal en el que intervienen múltiples agentes para crear el producto final.

La multiplicidad de agentes también incluye a aquellos involucrados en la recepción de las traducciones. Para algunos autores (Alvstad et al., 2017: 8), los lectores también pueden influir en la traducción final. De hecho, existen casos concretos en los que las críticas de los lectores a la traducción de un texto llevaron a cambios y a la publicación de una nueva traducción.

Por su parte, Jansen y Wegener (2013) acuñan en inglés el término *multiple translatorship*[7] (múltiple autoría traductora) para referirse a esta red de agentes situacionales que están involucrados en el proceso de traducción, y presentan tres perspectivas desde las que puede estudiarse la múltiple autoría traductora: la perspectiva orientada al proceso de traducción, la perspectiva orientada al producto de traducción y la perspectiva orientada a la autoría[8]. Desde esta última, la múltiple autoría traductora puede ser investigada con un marco teórico desarrollado originariamente en el ámbito de los *attribution studies*. Jansen y Wegener

---

[7] Este concepto es heredero del de *multiple autorship* de Stillinger (1991), que supera el concepto individualista de autoría y desmonta la concepción de que detrás de un texto solo existe un autor. Tal y como recogen Jansen y Wegener (2013: 4), Stillinger prueba con una serie de estudios de caso que en todo proceso de creación literaria existe colaboración y que esta puede suceder de distintos modos.

[8] Para más información sobre cada una de las perspectivas, se remite a la obra de Jansen y Wegener (2013).

(2013: 24) toman prestado este marco teórico de Love[9] y lo adaptan a los estudios de traducción sugiriendo también cuatro tipos de autoría traductora. Toda traducción implica una *autoría precursora*, puesto que las traducciones siempre se derivan de textos preexistentes. Uno de los *autores precursores* de la traducción es el autor del texto origen (TO). El *traductor declarativo* es el individuo, cuyo nombre aparece en la obra impresa, si bien no necesariamente tiene que coincidir con el que ha creado la traducción. El *traductor ejecutivo* es el que trabaja con las palabras y ordena la sustancia lingüística a partir del texto origen. Por último, el *traductor revisor* desempeña la función asumida normalmente por los editores.

Además, los traductores y los revisores no se restringen al papel de traductor ejecutivo y revisor respectivamente (Jansen y Wegener, 2013: 25). De hecho, como afirman las autoras, a veces resulta complicado separar la autoría traductora ejecutiva y revisora. En ocasiones, el autor del TO influye en la fase de revisión y, haciendo esto, se convierte en un *traductor coejecutivo* (ibíd.: 26). La relación entre autoría traductora ejecutiva, declarativa y revisora es compleja, ya que la declarativa implica responsabilidad: a veces los traductores son responsables de características de las traducciones que derivan de la fase de revisión y que ellos mismos no han producido.

Al aplicar esta clasificación de la autoría de Love (2002) al ámbito de la traducción, surgen algunos interrogantes relacionados con el poder de decisión y los límites de las autorías traductoras. Jansen y Wegener (2013: 27) afirman que las respuestas a estas cuestiones solo pueden surgir del estudio de las lenguas implicadas, del contexto concreto en el que tiene lugar el proceso de traducción y del estatus de los agentes implicados en el proceso.

Los agentes y sus decisiones en el proceso de traducción están condicionados y limitados por las estructuras y convenciones sociales, tales como la pertenencia a una clase social, religión, género, etnia y costumbres, entre otros factores influyentes. Tal y como muestra Paloposki (2009),

---

[9] Love (2002: 46, citado en Jansen y Wegener, 2013: 23) define autoría como una serie de funciones y procesos que tienen lugar durante la creación de una obra y señala que esas funciones o procesos se pueden desempeñar por un solo individuo, simultáneamente de manera colaborativa o sucesivamente por varios individuos.

dentro de la teoría de la agentividad hay investigadores que se centran en el estudio de la individualidad del traductor –el papel de lo individual– y otros que se centran en el estudio de las normas y los límites del trabajo del traductor –el papel de lo social–. En la actualidad, ambos marcos teóricos están reconciliados y la traducción puede ser estudiada desde los dos puntos de vista (Paloposki, 2009: 190). Paloposki afirma que para que los traductores sean capaces de negociar su agentividad individual entre las normas y los límites de la sociedad que los rodean, necesitan poseer cierta credibilidad y confianza, lo que a menudo se gana con una larga carrera y la recepción de buenas críticas.

Además, la actuación de los agentes puede tener consecuencias para el producto final[10] o para ellos mismos. En ocasiones, existen agentes que consideran la traducción como un arma de emancipación y no dudan en manipular el texto origen, eliminando o añadiendo información que consideran relevante para sus lectores. En otros casos, la intervención de los agentes en el texto en contra del sistema puede resultar en graves y peligrosas consecuencias para ellos, especialmente si se trata de un sistema totalitario, tal y como prueban algunos estudios de caso incluidos en la obra *Agents of Translation* (2009) de John Milton y Paul Bandia.

Sin duda, gracias a las aproximaciones sociológicas a la traducción se ha producido un cambio en la metodología empleada en los estudios de traducción, que tradicionalmente estaba centrada en el análisis textual, y se han introducido métodos de trabajo basados en la etnografía, en la observación, en la recogida de datos mediante trabajo de campo, así como en la interpretación y la descripción (Bogic, 2010: 182).

Por ejemplo, Latour (2005: 12) sugiere "seguir a los actores" a través de un análisis de las pruebas textuales que estos dejan en diferentes documentos, como pueden ser diarios, correspondencia, bocetos, notas, etc. Aplicado a la traducción, este concepto hace referencia al de *material contextual*[11] sugerido por Alvstad y Assis (2015: 7), quienes señalan que

---

[10] Por ejemplo, Vandaele (2017) ejemplifica el fracaso de las traducciones de la obra *Manolito Gafotas* (1999) de Elvira Lindo a algunos idiomas (inglés, alemán, holandés, noruego, danés, italiano), debido a que algunos agentes implicados en el proceso de traducción silenciaron matices de la voz de Manolito.

[11] Siguiendo a Alvstad et al. (2017: 5-6), el concepto de material contextual se refiere a todo el material producido por, y/o alrededor de, los textos literarios y las traducciones, es

este material es la principal fuente de información para saber qué agentes están implicados en el proceso, qué decisiones tomaron y por qué las tomaron. Así, Alvstad et al. (2017: 7) proponen un estudio conjunto del material contextual y los textos traducidos como partes integrales (de un todo) y no como entidades separadas[12].

Algunos investigadores[13] han propuesto diferentes clasificaciones de los indicios textuales que los agentes dejan tanto en los productos finales como en el material contextual, según la localización del indicio. En este trabajo, escogemos la propuesta de clasificación de Alvstad y Assis (2015: 3-4), quienes distinguen dos tipos de *huellas* de los agentes:

- textual: si la huella forma parte de producto textual;
- contextual: si la huella se localiza en los textos alrededor de las traducciones aportándoles un contexto.

Como hemos revisado, cada vez existen más investigaciones que estudian el papel del agente traductor y de los demás agentes en traducción. Sin embargo, todavía queda mucho por investigar en lo que se refiere a la identificación de los indicios concretos que los agentes dejan en el material textual y contextual, que resulta fundamental en las investigaciones de este tipo. Además, es necesario explorar el papel de los lectores como agentes en el proceso de traducción y los efectos que tienen en ellos las manifestaciones textuales de los otros agentes, tal y como señalan Alvstad et al. (2017: 4).

Con el fin de dar respuesta a estas cuestiones, Alvstad y Assis (2015: 3) sugieren el concepto de *voz*[14], introducido en los estudios de traducción por otras disciplinas, como la literatura comparada, la lingüística y la antropología, y lo definen como "translator's textually manifested

---

decir, las introducciones del traductor, las notas a pie de página, la correspondencia entre participantes implicados en el proceso de traducción, entre traductores, entrevistas, etc.

[12] Autores como Paloposki (2009, 2010), Munday (2013), Jansen y Wegener (2013), Jansen (2017), Alvstad y Assis (2015) y Andújar (2019), entre otros, han estudiado la importancia del material contextual en los estudios de agentividad en traducción.

[13] Koskinen (2000), Paloposki (2009: 191), Jansen y Wegener (2013: 3) y Alvstad y Assis (2015: 3-4).

[14] Otros autores que han estudiado esta noción son Hermans (1996), Munday (2013) y Jansen y Wegener (2013).

subjectivity" o "a translator's thoughts about her or his translation process or text". Mediante un estudio de las diferentes voces presentes en las traducciones y en el material contextual, Alvstad et al. (2017: 10) proponen acabar con el mito del traductor en solitario, que sugiere que los traductores son los únicos responsables de las traducciones. Esto demostrará que la traducción es un proceso complejo en el que están implicados diferentes participantes.

Por último, cabe apuntar que identificar las voces no es tarea fácil. En este sentido, existen voces que son más fáciles de identificar, como la del narrador, o la de los traductores que eligen intervenir en el texto, mostrar su voz y *performativity* (Greenall, 2017: 37). En otras ocasiones, el traductor elige no intervenir y ocultar su participación en el proceso de traducción, por lo que localizar su presencia discursiva en el texto resulta más complicado (Alvstad y Assis, 2015: 5). Cuando esto sucede, el traductor actúa a favor del *translation pact* (pacto de traducción), término acuñado por Alvstad (2014: 281) para referirse a aquella estructura retórica que hace que los lectores lean textos traducidos como si hubieran sido escritos por el autor original sin la mediación del traductor o de otros agentes.

2.1.4 La *actor network theory* (ANT) aplicada al estudio de la agentividad en traducción

La *actor network theory* (ANT, por sus siglas en inglés)[15] es una teoría microsociológica que se originó en el campo de los estudios sociales de la ciencia en los años ochenta a partir de las propuestas de Bruno Latour, Michel Callon y John Law, principalmente, dentro del Centro de Sociología de la Innovación de Mines ParisTech.

El propio Latour (2005) aclara que, más que una teoría, se trata de un conjunto de técnicas y un método de análisis que se centran en el modo como los *actores sociales* crean *redes sociales* y que analizan

---

[15] Esta teoría también es conocida como *sociología de la traducción*, empleando el concepto de *traducción* en el sentido de *transformación*. Siguiendo a otros autores, para evitar confusiones, creemos más conveniente referirse, en traductología, a un *enfoque sociológico de la traducción* o una *sociología aplicada a los estudios de traducción*.

cómo los actores interactúan entre ellos. Jones (2009: 304) afirma que esta teoría estudia "how a project is produced by different actors linked by a network of contacts".

Aunque Pym (1998) ya había recurrido al concepto de *red* en su contribución sobre la historia de la traducción, fue Buzelin (2005) quien introdujo más explícitamente la ANT en los estudios de traducción. Buzelin planteó los principales conceptos, afirmaciones y metodología de la teoría, al tiempo que estudió la posible relación entre la ANT de Latour, que por aquel entonces era una gran desconocida en la disciplina, y la teoría social del investigador francés Pierre Bourdieu, que era el enfoque de orientación sociológica más popular para el estudio de la traducción en aquel momento.

Buzelin (2005: 195) propone que la ANT y la teoría social de Bourdieu se complementen y sostiene que una investigación inspirada en la ANT revela con mayor precisión la existencia de *redes* de traducción, que no son claramente visibles en el nivel de *campo* o de polisistema (ibíd.: 220), mientras que el enfoque de Bourdieu dirige nuestra atención a los factores institucionales que siguen informando el proceso de traducción, en diversos grados según el contexto (ibíd.: 195).

Folaron y Buzelin (2007: 615) apuntan que un aspecto interesante de la ANT es que une dos conceptos que frecuentemente han sido considerados opuestos: el de *actor* (agentividad) y el de *red* (estructura). El primer principio básico de la ANT es considerar que todo aquello que pueda inducir a una acción (de forma intencionada o no) posee agentividad. El término *actores* lo reserva para los humanos. El segundo concepto de esta teoría es el de *red*, que, según Bogic (2010: 182), es el "movement or the traces of the actor; it is a tool for description". Folaron y Buzelin (2007: 616) lo definen como "any kind of relation that may connect to entities while transforming the very nature of what passes between them". Además, toda red se desarrolla y se amplía con la captación de nuevos actores. En este sentido, los actores más poderosos captan a los menos poderosos (Jones, 2009: 304).

Según la ANT, toda producción de un proyecto, ya sea de traducción o de otro tipo, se convierte en un proceso de negociación entre los actores (Jones, 2009: 304). La ANT estudia no solo quiénes son los participantes implicados en el proceso de traducción, sino también cómo interactúan entre ellos. Además, a diferencia del enfoque de Bourdieu, la ANT defiende la cooperación entre los agentes implicados y no la competición entre ellos, característica que también señalan Jansen y Wegener (2013: 15), quienes afirman que esta teoría está diseñada para explorar y describir la red de relaciones que existe entre los diferentes participantes del *translation event* sin establecer ninguna diferenciación jerárquica *a priori* entre ellos.

La ANT estudia las prácticas sociales y da prioridad a la complejidad y especificidad del proceso estudiado. Sus aplicaciones a la traducción pueden resultar de gran utilidad, ya que un estudio del proceso de traducción puede aportar información sobre los actores implicados y, viceversa, un estudio de los actores implicados puede aportar información sobre el proceso de traducción.

Otra de las ventajas de esta teoría es que las redes se pueden representar gráficamente, como ejemplifican Tahir-Gürçağlar (2007), Jones (2009) y Abdallah (2011), entre otros, lo que favorece su comprensión. Además, algunas teorías anteriores eran insuficientes. Buzelin defiende las ventajas de aplicar la ANT a la traducción para descubrir redes de traducción que no son visibles en el nivel de campo o polisistema (Buzelin, 2005: 210), puesto que la producción de una traducción implica la interacción de diferentes participantes y algunos están ocultos a simple vista. Por último, la ANT permite al observador prestar atención a las pruebas empíricas de la interacción humana, algo que había sido negado por teorías anteriores (polisistema, *skopos*) (Buzelin, 2005: 214).

A diferencia de los múltiples trabajos que estudian la aplicación de otras teorías sociológicas a la traducción, la aplicación de la ANT a la traducción no ha tenido lugar hasta la aparición de los estudios recientes de los siguientes investigadores: Buzelin (2005, 2006, 2007), Buzelin y Folaron, (2007), Tahir-Gürçağlar (2007), Bogic (2010), Abdallah (2010), Boll (2016), Solum (2017) y Kölbl (2020).

A lo largo de su aportación, Solum (2017) se sirve de herramientas teóricas y metodológicas de la ANT para sacar a la luz a actores no humanos[16] que estaban ocultos. Cabe destacar que Solum emplea el término *agentes* cuando se refiere a individuos humanos dotados de agentividad que ejercen su poder de manera intencionada, mientras que utiliza el

---

[16] Uno de los *actores no humanos* es el propio periódico noruego (*Morgenbladet*). La investigación de Solum nos hace reflexionar acerca de los participantes no humanos que tienen detrás un equipo humano.

término *actores* cuando se trata de individuos humanos y entidades no humanas que ejercen su poder de manera no intencionada[17].

Con el fin de probar la eficacia de la ANT, en 2022, desarrollamos un estudio piloto recogido en el artículo "Siguiendo a Theodor Mahlau (1907-1985): un traductor polifacético en tiempos de la Segunda República Española" (Valdenebro, 2022: 479-498), en el que se explora la vida y obra traductológica del alemán Theodor Mahlau (1907-1985) a través de sus traducciones, material contextual y los datos biográficos aportados por el testimonio de su hijo, Axel Mahlau. Los resultados de esta contribución fueron muy satisfactorios, ya que se logró reconstruir la red de la que formó parte Mahlau en su labor como traductor dentro del Patronato Nacional del Turismo durante la Segunda República española, descubrir cómo se desarrollaba el proceso de traducción turística en esta institución y sacar a la luz a otros participantes implicados en este.

Todos estos trabajos demuestran que la aplicación de la ANT a los estudios de traducción exige un modo de trabajo empírico y retrospectivo, que conlleva cierta dificultad, pero que puede resultar de gran utilidad y proporcionar datos valiosos para esta disciplina. No debemos olvidar que, en ocasiones, los agentes implicados en el proceso de traducción toman sus decisiones basadas parcialmente en la intuición. Esto provoca que sea difícil formalizar el proceso, y mucho más si se hace de forma retrospectiva (Buzelin, 2005: 208). El propio Latour (2005: 159) reflexiona sobre la dificultad de seguir la pista a las relaciones sociales y señala que a veces solo es posible captarlas cuando son modificadas.

A pesar de estos resultados tan válidos, han surgido algunas críticas[18] que indican que la ANT ofrece pocos datos puramente sociológicos, que se centra casi de manera exclusiva en la descripción, que se limita a analizar pruebas anecdóticas con poco poder explicativo, que está muy enraizada en la situación local y que no permite realizar generalizaciones. También ha sido criticada por deshumanizar a los agentes humanos al igualarlos a los no humanos, dotando a estos últimos de agentividad, aspecto que algunos investigadores, sin embargo, consideran muy revelador, porque muestra cómo se genera y distribuye el poder (Abdallah, 2011: 185).

---

[17] Solum basa su elección terminológica en las definiciones aportadas por Buzelin (2005: 197, 2011: 6).

[18] Bourdieu, Tahir-Gürçağlar, Jones, Jansen y Wegener, entre otros.

2.2 ACERCAMIENTOS LINGÜÍSTICOS APLICADOS AL ANÁLISIS DISCURSIVO Y TRADUCTOLÓGICO DE FOLLETOS TURÍSTICOS EDITADOS POR EL SERVICIO NACIONAL DEL TURISMO (1938)

En este segundo bloque teórico se presentan los dos acercamientos lingüísticos seleccionados para estudiar el material textual. El primer enfoque se relaciona con el concepto de género textual y el segundo, con la teoría de la valoración. Ambos se aplican tanto a la traducción especializada como a la investigación en traducción.

2.2.1 El concepto de género textual aplicado a la investigación en traducción turística

Existen autores especialistas en diferentes ámbitos[19] que han comenzado a utilizar la noción de género como forma de acción social tipificada y convencional que cumple un propósito comunicativo y que es observable y reconocible por los participantes de esa acción comunicativa, es decir, de una comunidad. Como podemos observar, el aspecto social y colectivo del género resulta de gran relevancia para su estudio.

En el ámbito turístico se ha podido determinar que el discurso del turismo forma parte de las *lenguas de especialidad*, ya que es "producto de la actividad comunicativa de una comunidad discursiva concreta" (Suau, 2012: 126) y posee unas características léxicas, sintácticas y textuales propias y diferentes de otras lenguas de especialidad y, por tanto, está alejado de la lengua general.

Siguiendo a Kelly (1997: 35), un *texto turístico* es todo texto publicado por una organización pública o privada que tiene la finalidad de ofrecer información a los potenciales visitantes o de anunciar o promocionar un destino y fomentar con ello los viajes a este. De igual modo, Fuentes (2005: 62) apunta que las dos funciones principales de todo texto turístico son *informar* sobre un destino turístico y *persuadir* a los potenciales turistas para que lo visiten. En esta línea, Nobs (1996: 243) señala que los textos turísticos tienen una "doble estrategia apelativa", informativa

---

[19] Monzó (2002), García Izquierdo (2002) y Calvi (2016), entre otros.

y apelativa, y los considera textos operativos, que no pueden prescindir ni de la utilización de elementos informativos ni de elementos expresivos específicos. En su aportación, Calvi (2011: 35) destaca que las tres principales funciones –informar, instruir y persuadir– están presentes, en mayor o menor medida, en todos los géneros turísticos. Calvi recoge las características propias de la función informativa así:

> La *función informativa* se realiza fundamentalmente como divulgación de contenidos procedentes de algunas áreas privilegiadas (arte, historia, cultura, gastronomía, etc.), además de otras propias de específicas modalidades de turismo (turismo termal, turismo religioso, turismo musical, etc.); la tipología textual dominante es la descripción, aunque no faltan secuencias narrativas, sobre todo en los reportajes (Calvi, 2011: 36-37).

Además, Calvi (2011: 37) sostiene que, dentro de la *descripción*, las guías turísticas son el género con mayor nivel de objetividad, aunque, por el contrario, existen otras investigaciones que apuntan que la valoración subjetiva también tiene una importancia en las guías, como lo demuestra el uso de modificadores, adjetivos y adverbios (Santulli, 2007*a*, citado en Calvi, 2011: 37).

En cuanto a la *función prescriptiva*, en comunicación turística, "se realiza sobre todo en la forma atenuada de la recomendación o sugerencia, es decir, evitando las apelaciones directas y prefiriendo formas impersonales, verbos de recomendación, oraciones condicionales, etc." (Calvi, 2011: 37). Asimismo, cabe diferenciar entre las *recomendaciones*, donde el destinatario tiene mayor libertad, y las *instrucciones*, en las que la libertad del destinatario está supeditada al logro del objetivo (íd.).

Por último, dentro de la *función persuasiva*, en la lengua del turismo se despliegan diferentes recursos entre los que prima la valoración (Calvi, 2011: 37), cuestión que trataremos más adelante en el apartado 2.2.2. En este sentido, Castellano (2020: 130) propone la diferenciación entre *texto turístico* y *texto turístico promocional*. El primero engloba otros textos que pueden darse en el contexto discursivo turístico, como pueden ser los seguros de viajes, mientras que el segundo se limita a los textos de finalidad promocional de destinos, entre los que se incluyen los folletos turísticos. Todo texto turístico promocional se desarrolla en torno a un destino turístico que es objeto de promoción y se compone de elementos no verbales que sugestionan al lector (ibíd.: 131). A diferencia del texto únicamente publicitario, el texto turístico promocional "incita a la acción, al movimiento, al consumo de un destino" (ibíd.: 132). En otras palabras, en la comunicación turística promocional, la finalidad es la persuasión del receptor, del que se espera no solo que descodifique un mensaje, sino también que, como resultado de su lectura, tome una decisión, actúe y visite un destino turístico, es decir, que se convierta en el cliente. De hecho, para llevar a cabo con éxito una campaña de promoción turística han de tenerse en cuenta las expectativas del cliente durante el proceso de creación, redacción y traducción de material promocional turístico (Fuentes, 2005: 67).

En la actualidad, existen diferentes clasificaciones de los géneros profesionales en comunicación turística. Siguiendo la clasificación de Suau (2012: 125), los folletos turísticos pertenecen a la modalidad "comunicación entre profesionales y usuarios". Dentro de esta, se realizan de manera indirecta mediante interacciones escritas. Tomando como referencia la propuesta de clasificación multidimensional de Dann (1996: 135-170), los folletos turísticos son géneros promocionales relacionados con el marketing y suelen emplearse en la etapa *pre-trip*, es decir, antes del viaje. No obstante, los folletos también pueden utilizarse durante el viaje, en la etapa *on-trip*, fase que está dominada por la guía, los géneros informativos *in situ* y las interacciones turistas-operadores. Según Calvi (2010: 18-19), el folleto turístico se incluye dentro de la práctica social "descripción y promoción del destino turístico". Calvi (2010: 16) afirma que, para clasificar los géneros de un determinado sector, es necesario contar con modelos multifuncionales y multidimensionales. Esta autora propone situar el género en un esquema jerarquizado. El proyecto de investigación Linguaturismo[20], del que forma parte Calvi, esbozó su propia clasificación de los géneros discursivos en la lengua del turismo basada en un criterio operativo y siguiendo de cerca el modelo propuesto por García Izquierdo y Monzó (2003)[21], a saber: familia de géneros, macrogénero, género y subgénero.

---

[20] Proyecto de investigación interuniversitario de interés nacional financiado por el Ministerio de Educación italiano (PRIN 2007, prot. 2007ASKNML), sobre "Il linguaggio della comunicazione turistica spagnolo-italiano. Aspetti lessicali, pragmatici e interculturali", en el que participan las Universidades de Milán (Maria Vittoria Calvi), Bolonia (Pilar Capanaga) y Trento (Elena Liverani).

[21] Calvi se basa en la clasificación de géneros sugerida por García Izquierdo (2007, 2009).

El nivel superior está ocupado por las *familias de géneros*, que se definen por la comunidad profesional de origen, así como por sus objetivos principales. Los folletos turísticos objeto de estudio pertenecen a los *géneros institucionales*, que están originados en organismos oficiales con el fin de afianzar o posicionar la imagen de un destino turístico concreto (Calvi, 2010: 22-23).

Asimismo, los folletos turísticos serían un ejemplo de *macrogénero*, ya que son "productos tangibles, identificables sobre todo por el emisor y el canal utilizado, así como por un propósito dominante, pero caracterizados por la hibridación de diferentes géneros, tipologías textuales, estilos, etc." (Calvi, 2010: 23-24). Se trata de publicaciones de distribución gratuita, normalmente en forma de cuadernillo o desplegable, que suelen combinar secciones descriptivas con otras más prácticas y que contienen elementos gráficos (íd.).

El concepto de género nos permite aproximarnos a los textos desde una perspectiva especialmente útil en el caso de la traducción (Monzó, 2002; Ezpeleta y Gamero, 2004; Alcina, 2005). Ezpeleta y Gamero (2004: 2) concretan la utilidad de recopilar, identificar, clasificar y describir los géneros, y desarrollan un proyecto basado en un estudio sistemático e integrador de los géneros que ayuda al traductor de textos especializados en distintos idiomas. Según Ezpeleta y Gamero (2004: 2), este estudio puede desarrollarse de tres formas:

- El estudio sistemático de los géneros: primer paso para adquirir *competencia de género*.
- El estudio contrastivo de los géneros: con el fin de conocer más sobre los géneros en diferentes lenguas, en tanto que están inscritos en diferentes culturas y, por tanto, con distintos usos sociales y comunicativos.
- El estudio descriptivo de los géneros: con el fin de estabilizar los géneros del lenguaje especializado, ya que los géneros son dinámicos y, por tanto, susceptibles de cambio.

Concretamente, los estudios contrastivos de los géneros resultan de gran interés en traducción, ya que se ha demostrado que las comunidades presentan formas divergentes en estas maneras de representación y que los géneros varían de una cultura a otra (Monzó, 2002: 26).

Tanto Ezpeleta y Gamero (2004: 2) como García Izquierdo (2005: 123) hacen referencia a la noción de *competencia de género* como una competencia indispensable que debe poseer todo traductor y todo estudiante de traducción. Se trata de la capacidad del traductor para identificar las convenciones propias del género al que pertenece el texto original y saber utilizar las propias del género en la lengua y cultura de llegada (Hurtado, 2001: 492). Monzó (2002) señala que el género se convierte en un medio de socialización para el traductor, quien convierte un texto discursivo en otro. En nuestra opinión, la competencia de género forma parte de la *competencia traductora*.

Por último, cabe destacar que las propias características de los textos turísticos complican la labor del traductor, ya que debe actuar como mediador lingüístico y mediador cultural (Durán, 2012*a*: 2), además de "transmitir adecuadamente el contenido, la función y las referencias culturales del texto turístico original, teniendo en cuenta las características particulares del lenguaje turístico" (íd.), y trasladar de forma inmediata "el destino turístico que es objeto de promoción a otras lenguas, y, por ende, a otros espacios socioculturales" (Castellano, 2020: 132).

2.2.2 La teoría de la valoración aplicada a la investigación en traducción turística

En este apartado presentamos el segundo acercamiento lingüístico seleccionado para estudiar los folletos turísticos en el nivel textual y lograr los objetivos de esta investigación. Se trata de la teoría de la valoración o *appraisal theory*, propuesta por Martin y White (2005)[22], que es una herramienta que permite localizar indicios lingüísticos relativos a la expresión de la valoración e identificar las intervenciones de los diferentes agentes en los textos.

Los pilares de esta teoría se encuentran en la Lingüística Sistémico-Funcional desarrollada por el lingüista M. A. K. Halliday y en los

---

[22] De aquí en adelante, se presentan algunos conceptos necesarios para comprender este enfoque. Para ello, se han revisado las siguientes contribuciones: Martin (2000, 2011), White (2000, 2001, 2011, 2015), Kaplan (2004), Munday (2012) y Guerra y Herrera (2017). El principal pilar teórico de este apartado es la obra escrita en inglés *The Language of Evaluation* (2005), de Martin y White.

conceptos de dialogismo, heteroglosia, polifonía e intertextualidad del crítico y teórico ruso Batjín (1981, 1982).

Tal y como explica White (2000: 1), la teoría de la valoración se ocupa de "los recursos lingüísticos por medio de los cuales los textos/ hablantes llegan a expresar, negociar y naturalizar determinadas posiciones intersubjetivas y, en última instancia, ideológicas". En la negociación que ocurre en estos diálogos desempeñan un papel fundamental las emociones, los juicios y los valores de los interlocutores. Siguiendo a Munday (2012: 12), el lenguaje valorativo es de algún modo el punto de encuentro entre conceptos como la *ideología* –ideas y creencias– y la *axiología* –valores–. Esto es, sin duda, uno de los aspectos más interesantes para esta investigación.

Además, el lenguaje valorativo está relacionado también con *lo social*. Suau (2012) apunta que algunas aproximaciones recientes al análisis del discurso han introducido el concepto de *constructo social* de Fairclough (1992, 1995), sugiriendo que los textos son parte de acontecimientos sociales o, según Suau (2012: 129), "la forma lingüística en la cual la gente actúa e interactúa socialmente". Suau afirma que en este acontecimiento social tanto el emisor como el receptor son *agentes sociales* cuyas acciones "están socialmente delimitadas o constreñidas" (ibíd.: 129).

Para esta teoría, el uso valorativo del lenguaje tiene como función establecer un posicionamiento actitudinal y un posicionamiento dialógico (Kaplan, 2004: 59). El posicionamiento actitudinal puede ser emocional, ético o estético y es el que adoptan los emisores al indicar su valoración positiva o negativa de personas, lugares, objetos, hechos y circunstancias. El posicionamiento dialógico tiene que ver con la negociación de significados entre los emisores y receptores reales y potenciales o imaginarios. Todos los enunciados y textos toman en consideración enunciados o textos tanto anteriores –reaccionando ante ellos– como posteriores –anticipando la respuesta de lectores reales, potenciales o imaginarios– (Batjín, 1981, 1982).

La teoría de la valoración clasifica los recursos evaluativos en tres grandes dominios semánticos: la actitud, el compromiso y la graduación[23], que se resumen en la figura de la página siguiente.

---

[23] Los términos españoles de los subsistemas han sido tomados de White (2000).

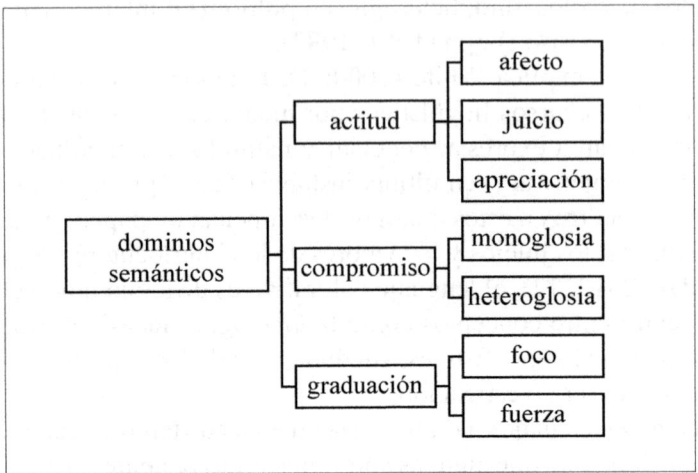

Figura 1. Resumen del sistema de la valoración

Dicho esto, y antes de continuar con el desarrollo del sistema de la *actitud*, la teoría de la valoración se revela como una valiosa herramienta teórica y analítica que proporciona un marco para:

> (i) entender cómo el uso de diferentes recursos evaluativos puede variar según los géneros, los registros o los estilos individuales; (ii) descubrir los supuestos ideológicos subyacentes, muchas veces inexplícitos, que motivan los textos; (iii) desvelar estrategias retóricas mediante las cuales las posturas ideológicas se transforman en naturales; (iv) explicar la forma en la que los textos se construyen para sí mismos un tipo de interlocutor o lector que puede ser tanto "ideal" y complaciente, como "no-ideal" o resistente; (v) entender por qué algunos textos pueden interpretarse como ambivalentes, ambiguos o inconscientes desde el punto de vista evaluativo; y (vi) comprender cómo los patrones de uso de diferentes recursos evaluativos en un texto contribuyen a estructurarlo como unidad discursiva (Kaplan, 2004: 54-55).

El dominio semántico de la actitud recoge los enunciados mediante los cuales la voz autorial transmite una evaluación positiva o negativa sobre personas, lugares, objetos, hechos y circunstancias. Estos pueden estar relacionados tanto con respuestas emocionales como con sistemas de valores culturalmente determinados.

Este sistema se subdivide a su vez en tres categorías: afecto, juicio y apreciación. A continuación, nos detenemos en cada una de ellas y aportamos ejemplos representativos de estas.

El afecto es la caracterización de los fenómenos en relación con la emoción y las reacciones emocionales. Puede expresarse como una *a)* cualidad, un atributo, una circunstancia, *b)* un proceso o *c)* un comentario. La realización léxico-gramatical del afecto puede darse a través verbos de emoción, adverbios, adjetivos y nominalizaciones.

Tabla 1. Las realizaciones de la expresión del afecto:
ejemplos representativos[24]

Categoría	Ejemplos de signo positivo	Ejemplos de signo negativo
felicidad/infelicidad	feliz, entusiasmado/a	melancólico/a, deprimido/a
seguridad/inseguridad	tranquilo/a, confiado/a	preocupado/a, intranquilo/a
satisfacción/insatisfacción	interesado/a, satisfecho/a	cansado/a, enfadado/a

El juicio es la evaluación del comportamiento humano en relación con las normas sociales institucionalizadas y hace referencia a la evaluación moral de la conducta. Las expresiones de juicio pueden fundamentarse sobre los ejes de la estima social (admiración o crítica sin implicaciones legales) o de la sanción social (alabanza o condena que puede tener implicaciones legales). Las expresiones de juicio están constreñidas por la situación cultural e ideológica particular en la que se realizan. En otras palabras, la manera en la que los individuos evalúan la moralidad o la legalidad de la conducta humana está siempre determinada por la cultura en la que viven, así como por sus propias experiencias y creencias individuales. En definitiva, un mismo suceso será valorado con juicios de diferente naturaleza según la posición ideológica de su emisor.

La realización léxico-gramatical del juicio puede darse a través de adverbios, atributos y epítetos, sustantivos y verbos, pero, en muchas

---

[24] Tabla adaptada de Martin y White (2005: 56) y Kaplan (2004: 64).

Marta Valdenebro Arenas

ocasiones, la evaluación del juicio puede permanecer implícita, o ser evocada de manera más indirecta mediante los *tokens* de juicio.

Tabla 2. Las realizaciones de la expresión del juicio:
ejemplos representativos[25]

Categoría	Subcategoría	Ejemplos de signo positivo	Ejemplos de signo negativo
estima social	normalidad	afortunado/a, moderno/a	extraño/a, raro/a
	capacidad	habilidoso/a, fuerte	lento/a, débil
	tenacidad	heroico/a, infatigable	cobarde, distraído/a
sanción social	veracidad	sincero/a, honesto/a	deshonesto/a, mentiroso/a
	integridad moral	moral, bondadoso/a	inmoral, corrupto/a

La apreciación tiene que ver con la evaluación de objetos, procesos y entidades en relación con principios estéticos y otros sistemas de valor social. La evaluación se realiza en función de nuestra reacción hacia los objetos y procesos, hacia su composición o hacia su valor social. La realización léxico-gramatical de la apreciación puede darse a través atributos y epítetos, sustantivos y verbos.

Tabla 3. Las realizaciones de la expresión de la apreciación:
ejemplos representativos[26]

Categoría	Ejemplos de signo positivo	Ejemplos de signo negativo
reacción	llamativo/a, hermoso/a	repugnante, monótono/a
composición	simétrico/a, simple	desproporcionado, asimétrico
valor social	único/a, original	superficial, común

[25] Tabla adaptada de Martin y White (2005: 56) y Kaplan (2004: 64). Además, los ejemplos de expresiones de juicio incluidos en estas tablas son valores determinados por su posición en el texto.

[26] Tabla adaptada de Martin y White (2005: 56) y Kaplan (2004: 64).

Entre las tres categorías del sistema de la actitud (afecto, juicio y apreciación) existen algunas relaciones. Tanto la apreciación como el juicio están orientados hacia la entidad evaluada y no hacia el sujeto evaluador –como sí puede hacerlo el afecto– y están menos personalizados que el afecto (Kaplan, 2004: 67). Además, según White (2004), la categoría del afecto puede considerarse el sistema actitudinal básico, mientras que el juicio y la apreciación son formas institucionalizadas de las emociones, según la ética y moralidad (juicio) o la estética y los valores sociales (apreciación).

Asimismo, las expresiones de actitud pueden ser directas o indirectas. Las expresiones directas de actitud transmiten un sentido positivo o negativo de manera más obvia y explícita, y suelen realizarse por medio de epítetos abiertamente evaluativos (Martin y White, 2005: 61). Este tipo de valoraciones son fáciles de identificar.

Por el contrario, las expresiones de actitud indirectas son las más difíciles de identificar y de analizar, y se realizan mediante *tokens* actitudinales. El criterio de selección de las expresiones indirectas de actitud es en buena parte subjetivo y se fundamenta en el contexto que rodea a las valoraciones. Además, dependen del sistema de creencias y expectativas del lector a la hora de interpretar el texto y pueden dividirse en dos subcategorías: evocadas o provocadas.

Las expresiones indirectas *evocadas* de actitud causan una reacción positiva no por las cualidades actitudinales inherentemente positivas, sino porque sitúan en primer plano el material o la información ideacional. La actitud indirecta evocada se insinúa en el texto disfrazando una representación del mundo real y se suele emplear para manipular al lector. Estas valoraciones se basan en que el autor y el futuro lector compartan los mismos valores, normas u opiniones, o al menos así lo presupone el autor. Munday (2012) aporta el ejemplo de la palabra *comunista*, que puede interpretarse como una expresión de signo positivo o negativo dependiendo de la ideología del lector.

Munday (2012: 64) sugiere otro tipo de actitud indirecta evocada más sutil: la que implica una *asociación contextual* para su correcta comprensión y se realiza a través de *tokens* que, de otro modo, serían neutrales. El signo de este tipo de expresiones de actitud depende del contexto comunicativo y de la perspectiva, ya que son valoraciones totalmente subjetivas. A veces los investigadores recurren al análisis de corpus más extensos y contextos más amplios que les permitan identificar la prosodia semántica general. En su propuesta, Munday incluye en esta categoría referencias a la historia y conmemoraciones pasadas que no se citan directamente, pero a las que la voz autorial remite por asociación, y aporta diferentes ejemplos: *Normandy* hace referencia al desembarco de los aliados en Francia durante la Segunda Guerra Mundial o *the father of the Nation* hace referencia a Washington (Munday, 2012: 64).

Las expresiones indirectas *provocadas* de actitud causan respuestas positivas o negativas a través de formulaciones que, de otro modo, no son valorativas. La actitud provocada no depende tanto del contexto y se sitúa entre la actitud directa y la evocada, que está vinculada con el contexto. Se realiza con frecuencia a través de indicadores de contradicción y constituyen una clara intervención del autor en el texto.

Como ya se ha señalado, el segundo sistema de la teoría de la valoración es el del *compromiso*[27], que incluye los recursos lingüísticos que emplea la voz autorial para posicionarse con respecto a los valores presentes en el texto y a otras voces.

Aunque algunos autores han estudiado la incorporación de voces en el discurso (Hyland, 2000; Swales, 1990), Martin y White ampliaron el análisis al nivel discursivo-semántico al agrupar dentro del sistema de compromiso los recursos léxico-gramaticales previamente descritos por la Lingüística Sistémico-Funcional. La realización léxico-gramatical del compromiso en inglés puede darse por medio de los recursos de modalidad, polaridad, concesión, proyección, atribución, evidencialidad, intensificación y consecutividad. Por este motivo, "el compromiso ha sido tomado como base conceptual en estudios orientados al análisis de las relaciones de alineamiento ideológico y de construcción de identidad autorial", tal y como apuntan Guerra y Herrera (2017: 54).

Así, según la posición de la voz autorial, el texto puede tener carácter monoglósico o heteroglósico (véase tabla 4).

---

[27] Véase el desarrollo del sistema del compromiso (*engagement*) y ejemplos adicionales en Martin y White (2005) y White (2011, 2015).

Tabla 4. Las realizaciones léxico-gramaticales del compromiso heteroglósico: ejemplos representativos[28]

heteroglosia	contracción	rechazo	**negación** *no, nunca*	
			contradicción *pero, aunque, sorprendentemente, incluso, solo, tan solo*	
		declaración	**acuerdo:** - <u>afirmación</u> *naturalmente, claramente, por supuesto, obviamente, no sorprende que* (alguna pregunta retórica) - <u>concesión</u> *seguramente, cierto es que/ciertamente, si bien es cierto que...*	**concesión-contradicción** *claramente..., aunque....*
			pronunciamiento *sostengo que, puede afirmarse que, tienes que estar de acuerdo en que, no cabe duda de que, realmente/de verdad, estoy seguro de que*	
			refuerzo *el informe/X demuestra/muestra/prueba que*	
	expansión	consideración	**alta/media/baja** *quizás/tal vez, es probable/posible que, parece que, se supone que, puede, podría, probablemente*	
		tribución	**reconocimiento** *según X, X dice, X cree que, siguiendo a X*	
			distancia *X asegura/sostiene que, se rumorea que, X dice haber, la supuesta X*	

La monoglosia se refiere a aquellas afirmaciones realizadas por los escritores o hablantes que no sugieren relación con otros puntos de vista. Es decir, en estos casos, la voz autorial ignora la diversidad de voces presentes en todo acto comunicativo y presenta su voz de manera independiente,

[28] Esquema adaptado de Martin y White (2005), Kaplan (2004) y Guerra y Herrera (2017).

autorizada y categórica. Si bien hemos recogido el dialogismo inherente al lenguaje propuesto por Bajtin (1981), la monoglosia representa un grado nulo de reconocimiento de otras voces.

Por el contrario, en la heteroglosia, la voz autorial sí negocia su posición con respecto a otras voces y posturas alternativas que participan en el texto. Martin y White (2005) señalan su interés por conocer más sobre el grado del compromiso de la voz autorial con respecto a otras voces anteriores o posteriores. Así, dependiendo de lo cerrada o abierta a otras voces que esté la voz autorial en esa negociación, la heteroglosia podrá moverse en una escala que va de muy contractiva (*negación*) a más expansiva (*distancia*).

En las heteroglosias *contractivas* (*dialogic contraction*), la voz autorial cierra el espacio dialogístico a posiciones alternativas y toma su posición como la única acertada, mientras que, en las *expansivas* (*dialogic expansion*), la voz autorial abre el espacio dialogístico.

Finalmente, el sistema de la *graduación* proporciona aquellos recursos lingüísticos que sirven para regular las precisiones semánticas de los otros dos sistemas, actitud y compromiso. Si las precisiones semánticas son graduables, pertenecen al subsistema de la *fuerza* y, si no lo son, pertenecen al del *foco*. Mientras que la escala de *fuerza* opera en términos de intensidad, la de *foco* lo hace en términos de concreción.

La fuerza puede realizarse mediante un lexema aislado, una infusión semántica, una repetición del mismo elemento léxico o añadiendo listas de términos que están relacionados semánticamente (Martin y White, 2005: 144). Además, la fuerza realizada por aislamiento o infusión puede ser figurativa o no figurativa.

En cuanto al foco, si es *agudizado* (*sharpening*), hay una mayor inversión la voz autorial en la posición valorada y, si es *suavizado* (*softening*), hay una menor inversión (Martin y White, 2005: 139-140).

Es decir, la graduación es un espacio semántico que está relacionado con la forma en la que los escritores o hablantes intensifican o disminuyen la fuerza de sus enunciados y gradúan el foco de sus categorizaciones semánticas, presentándose a sí mismos más o menos alineados con la posición valorada y situándose con respecto a las comunidades que comparten esos valores o creencias.

Tabla 5. El sistema de la graduación (foco y fuerza):
ejemplos representativos[29]

foco	**agudizado**	un **verdadero**[30] *monarca* un **auténtico** *marido*
	suavizado	es **algo** *triste* **un poco** *sexy*
fuerza	**intensificación**	**lexemas aislados** **muy** *feliz*
		superlativos *la* escultura **más** *bella*
		maximizadores **totalmente** *miserable*
		intensificación por repetición frío, frío y frío
	cuantificación	**número** **muchas** *preocupaciones*
		masa un **pequeño** *problema*
		extensión – proximidad *una batalla* **reciente**
		extensión – distribución *una batalla* **corta**

Hasta ahora, los marcadores léxicos de actitud presentados en este apartado nos aportan información sobre la orientación de los valores del texto –axiología– y los recursos del sistema del compromiso comienzan a mostrarnos el alineamiento entre el autor y el lector. Sin embargo, existe otra característica interpersonal más abstracta que nos ayuda a analizar

---

[29] Esquema adaptado de Martin y White (2005).
[30] En adelante, los elementos valorativos que implican graduación se indican resaltados en **negrita**.

con detalle los textos: la posición deíctica. Munday (2012: 68) relaciona la posición deíctica con el recurso valorativo del compromiso.

Este concepto se fundamenta en la deixis, que es la forma de posicionamiento más evidente, y nos permite averiguar en qué posición se encuentra el autor del texto. Para lograrlo, Chilton (2004: 58) propone un análisis de los marcadores deícticos con el fin de localizar a los interlocutores en tres ejes o dimensiones de la deixis. La principal expresión lingüística de la deixis son los pronombres, que, según términos sistémico-funcionales, indican el tenor y negocian la relación de solidaridad y distancia entre los interlocutores (Munday, 2012: 69). Munday (ibíd.: 70-71) afirma que el autor recurre a la primera persona del plural de forma *inclusiva* cuando persigue formar equipo con el lector, y a la primera persona del plural de forma *exclusiva* cuando no lo hace y busca reafirmar su autoridad.

Como mostramos en la figura 2, Munday (2012: 76) reemplaza la "modalidad" de Chilton por la "expresión de la valoración", que, como muestra en su contribución, va más allá que la primera.

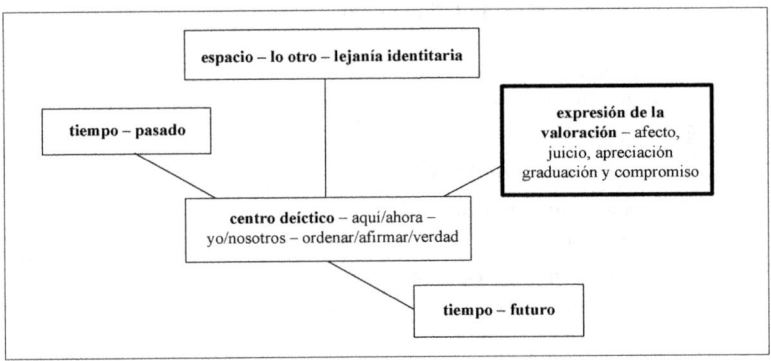

Figura 2. Dimensiones de la deixis según Munday

Como hemos indicado anteriormente, uno de los fundamentos de la teoría de la valoración es la propuesta bajtiniana de que todo texto es un diálogo con textos previos o simultáneos y de que los enunciados poseen siempre un emisor y un receptor real, potencial o imaginario. En algunos casos, los enunciados se refieren a otros previos o anticipan futuras respuestas.

De hecho, en los presupuestos teóricos de la expresión de la valoración se hace hincapié en el papel del lector como receptor. Resulta interesante estudiar cómo los textos transmiten una serie de significados ideacionales e interpersonales, pero es igualmente relevante examinar cómo estos significados son recibidos por la audiencia. Esta noción está relacionada con el posicionamiento dialógico, que trata sobre los significados susceptibles de negociación entre los emisores y receptores reales, potenciales o imaginarios. Un mismo texto puede tener varias interpretaciones que dependerán de los propios lectores, quienes están determinados por sus suposiciones, conocimientos y sistemas de valores (Martin y White, 2005: 162-163).

Así, la voz autorial de un texto construye y *proyecta* a lo largo de este el tipo de lector meta que espera que lea su texto. Puede hacerlo de manera explícita, nombrándolo directamente y apelando a él, o de manera implícita, haciendo que reaccione mediante alusiones indirectas. De hecho, tal y como afirma Munday (2012: 38), "invokedness relies on the reader's recognizing and reacting to signals that are sometimes very context-dependent". Así pues, la expresión indirecta de actitud depende de la interpretación del texto que haga el lector y de los valores, creencias y expectativas de este, es decir, de su orientación ideológica y axiológica. Ya hemos revisado anteriormente cómo algunas expresiones indirectas de actitud pueden llegar incluso a pasar desapercibidas (véanse las asociaciones contextuales).

Martin y White (2005: 206) llamaron previamente a este fenómeno *reacción* (*reaction*) y lo definieron como "the reading someone makes of the evaluative meaning in a text". La reacción se situaría al final de la *instantiation cline*. Como veremos más adelante, la reacción es especialmente importante para la traducción.

Basándose en Certeau (1984), Martin y White (2005: 206) clasifican las lecturas que se pueden realizar de un texto en tres tipos, que resumimos en español como sigue:

- Lectura *complaciente* (*compliant*): se prevé que este lector esté totalmente de acuerdo con los valores y enunciados del texto – posición valorada– y se espera que los suscriba.
- Lectura *resistente* (*resistant*): se prevé que el lector rechace los valores y enunciados del texto (posición valorada).
- Lectura *táctica* (*tactical*): se prevé que el lector se mantenga en una postura neutra y desarrolle una lectura parcial e interesada del

texto –sin suscribir ni rechazar los valores o enunciados– y tome algunos aspectos evaluativos de este.

Los investigadores podemos saber a qué tipo de lector se dirige un texto si analizamos la expresión de la valoración, ya que la voz autorial del texto nos ofrece *pistas* sobre cómo será el futuro lector, cuál es su postura con respecto a la posición valorada y cuáles son sus valores, creencias y expectativas.

En el último capítulo de su obra, Martin y White (2005) hacen un repaso sobre la *evaluative key*, término que en español equivaldría a *patrón valorativo*. Según estos autores, el patrón valorativo comprende ciertas regularidades lingüísticas y tendencias en el uso de los recursos de la valoración –*actitud, compromiso* y *graduación*– que se observan en textos del mismo discurso. Siguiendo a Martin y White (2005: 161), estas tendencias crean *estilo de posicionamiento valorativo* o *estilo valorativo*. Basándose en White y Thompson (2008: 13), Munday (2012: 36) hace referencia al estilo valorativo como *voz textual*, que define como "a particular pattern in the use and co-occurrence of evaluative meanings". En este caso, la voz es un elemento detectable y describible gracias a la aplicación de la teoría de la valoración.

Martin y White (2005: 164-184) recogen los patrones valorativos que operan en el discurso periodístico[31] y sugieren la presencia de tres tipos de voces textuales: la voz del *reportero*, la voz del *escritor-corresponsal* y la voz del *escritor-comentarista*[32], que están estrechamente vinculadas con las categorías periodísticas de las noticias, el análisis y el comentario u opinión.

Cada patrón valorativo o voz textual combina de una manera específica los recursos de los sistemas de la valoración. A modo de ejemplo, resumimos la información que presentan Martin y White (2005) sobre la voz del reportero. Esta voz se caracteriza por la ausencia de la expresión directa del afecto y del juicio. Este último únicamente sucede atribuido a

---

[31] Martin y White también revisan los patrones valorativos que operan en el discurso de la educación secundaria (Martin y White, 2005: 184-186) y proponen tres tipos de voces textuales que pueden relacionarse con las que operan en el discurso periodístico.

[32] Munday, en su aportación de 2012, estudia la presencia en sus textos de estos tres grupos de voces sugeridas por Martin y White (2005).

una fuente externa. También se caracteriza por escasa expresión directa de apreciación y la existencia de expresiones de afecto no autoriales, es decir, que describen las emociones de otros individuos o grupos humanos, y no las de la voz autorial. En el plano de la graduación, la voz del reportero utiliza frecuentemente la intensificación, mientras que, en el plano del compromiso, el *reconocimiento* y la *distancia,* cuando introduce puntos de vista de fuentes externas. Según Martin y White (2005), esta voz opera ideológicamente presentándose a sí misma como "factual" y "neutral". Esto es así porque se rige por la concepción social y profesional de que el periodismo de calidad debe ser objetivo e imparcial (Martin y White, 2005: 184).

La aplicación de la teoría de la valoración al análisis textual puede dar lugar a resultados muy interesantes desde el punto de vista lingüístico y discursivo. Sin embargo, todavía no se ha explorado en su totalidad el potencial que puede tener si se aplica al estudio de la traducción.

Tal y como demuestran estudios recientes, la teoría de la valoración ha sido aplicada al análisis ideológico de textos en los que predomina la función argumentativa, como discursos políticos (Munday, 2012) y algunos géneros periodísticos (Bednarek, 2006) y académicos (Hood, 2010), y también al análisis de textos literarios (Espunya y Pavić Pintarić, 2016; Alsina, Espunya y Wirf Naro, 2017). A continuación, revisamos los resultados más significativos de estas aportaciones.

Anteriormente, Chesterman (1997: 48) ya define las traducciones como juicios de valor, y muestra interés por saber qué son esos juicios y por qué se emiten.

En 2012, Munday publica su obra *Evaluation in translation,* en la que hace un repaso de los presupuestos teóricos del sistema de la valoración y ejemplifica con estudios de caso la aplicación de esta al estudio de la traducción y de la interpretación. Munday (2012: 2) considera la traducción y la interpretación como labores de "intervención" en las que el traductor o el intérprete, además de ser un participante de pleno derecho en el proceso de comunicación,

> brings his/her own sociocultural and educational background, ideological, phraseological and idiosyncratic stylistic preferences to the task of rendering a source text in the target language (Munday, 2012: 2).

Es decir, los traductores toman sus propias decisiones e intervienen en el texto. A veces, los investigadores podemos identificar esas intervenciones traductoras. Por tanto, si la traducción es una *intervention* (Munday, 2007), el traductor es el *intervenient being* (Maier, 2007). House (2008: 16, citado en Munday, 2012: 19) define la intervención del traductor como "a manipulation of the source text beyond what is linguistically necessary". Sin embargo, el propio Munday no está de acuerdo con esta afirmación, aunque sí reconoce que el traductor toma decisiones a veces de forma consciente y otras de manera inconsciente, y que toda intervención traductora es valorativa.

En uno de los estudios de caso que componen su obra de 2012, Munday realiza un estudio lingüístico-discursivo del texto origen y de los textos meta con respecto a los sistemas de la valoración y, después, desarrolla un análisis contrastivo de ambos. La finalidad de Munday es mostrar aquellos *puntos críticos* (*critical points*) que requieren más interpretación y en los que se hace más visible la intervención del traductor o del intérprete y la valoración subjetiva de estos. Estos puntos críticos pueden ser *movimientos* (*mismatches* o *shifts*) que hace el traductor para añadir significados o modificarlos, pero también para eliminarlos (silencios).

Por su parte, Alsina, Espunya y Wirf Naro (2017), para aportar objetividad a su estudio, eligen la teoría de la valoración (Martin y White, 2005) como *tertium comparationis* y modelo teórico. Con su obra buscan validar esta teoría como modelo de análisis traductológico.

Retomando lo que ya hemos apuntado sobre el futuro lector, la lectura que haga la audiencia del texto resulta de gran importancia. Como sabemos, la interpretación de un texto depende de los valores, las creencias y las expectativas de su lector, es decir, de su orientación ideológica y axiológica. En traducción, la lectura que hace del texto el traductor es especialmente importante, puesto que se trata del primer lector del texto y lo leerá influido por sus valores, creencias y expectativas. Alsina, Espunya y Wirf Naro (2017: 24) señalan que "every translation represents an interpretation".

Siguiendo a Munday (2012: 38), en el caso de la traducción, la división entre el tipo de lectura y el propósito original de los textos es palpable, puesto que toda traducción es un texto dirigido a una audiencia diferente a la original que está creado con un propósito comunicativo distinto al inicial. Munday hace referencia al tipo de lecturas del TO que puede realizar el traductor (ibíd.: 38-39). Todo traductor realiza una primera lectura parcialmente *táctica* para apuntalar la preparación y producción del texto meta. Por un lado, la lectura será predominantemente *resistente* si el traductor busca rechazar la ideología de la fuente. A modo de ejemplo, Munday (ibíd.: 38) aporta las traducciones de Ralph Mannheim del libro de Hitler *Mein Kampf*, en las que el traductor añadió notas a pie de página para señalar la falta de lógica de ciertas ideas. Por otro lado, la lectura del traductor será probablemente *complaciente* si el traductor considera que tiene que reproducir el TO de manear fiel, independientemente de si está de acuerdo o no con la fuente.

Por tanto, aunque el escritor proyecte en el texto el perfil del tipo de lector al que se dirige, en el caso de la traducción, esta proyección del lector se verá alterada por el traductor, que es una figura externa que leerá el texto y lo interpretará a su modo, proyectando su propio lector. Tal y como apunta Munday (2012: 40), el modo como esto sucede en traducción es un *punto crítico* de por sí.

Munday (2012: 41) hace referencia al término *puntos cargados de valor* (*value-rich points*), que podríamos definir como partes del discurso en las que se localizan grandes diferencias culturales. Munday (2012: 41) sugiere un estudio de los *puntos cargados de valor* presentes en las traducciones, con el objetivo de revelar los valores del traductor y comprobar si afectarán a la recepción del texto.

Alsina, Espunya y Wirf Naro (2017: 3) afirman que reproducir el texto origen en todo su potencial no siempre es posible y que el traductor, a veces, se verá obligado a tomar decisiones y sacrificar algunos contenidos del TO, debido a la propia naturaleza y composición de cada lengua.

En general, para el traductor no suele ser un problema reproducir las expresiones directas de actitud, a no ser que exista un sistema de valores diferentes en la cultura meta. Recordemos, por ejemplo, que lo que para la cultura origen es positivo puede no serlo para la cultura meta (Munday, 2012: 26). Asimismo, a la hora de traducir han de tenerse en cuenta las asociaciones prosódicas, puesto que, a veces, la prosodia del texto provoca que valoremos algunos significados neutros de una forma u otra (Munday 2012: 26-27).

Munday (2012: 28-29) señala que la traducción de las expresiones de actitud indirectas, a diferencia de las directas, sí puede resultar problemática. El traductor tendrá que identificar la valoración pretendida por el autor del TO y transformarla debidamente a la lengua meta, que se enmarca en un contexto cultural nuevo, que puede que no aplique los mismos valores a las entidades valoradas. Munday incluye las expresiones indirectas de actitud dentro de la categoría de *puntos críticos* para el traductor.

Como hemos apuntado anteriormente, Munday (2012: 64) propone la *asociación contextual* como otro tipo de expresión indirecta de actitud más sutil y que requiere de un bagaje contextual amplio para su correcta comprensión. De hecho, es frecuente que pase inadvertida para algunos lectores. En el caso de la traducción o interpretación de este tipo de expresiones indirectas, los traductores e intérpretes optan frecuentemente por dos tipos de estrategias: la omisión o la sobreexplicitación (íd.). Por su dificultad a la hora de ser comprendidas y traducidas correctamente, las asociaciones contextuales constituyen también uno de los *puntos críticos* para el traductor (íd.).

En cuanto a la traducción del lenguaje figurado, Munday (2012: 62) concluye que, en general, el TM intenta reproducir las metáforas del TO y las mantiene.

Finalmente, en 2020, con el fin de verificar la utilidad de las herramientas que proporciona la teoría de la valoración, elaboramos un estudio piloto[33] en el que se aplicó el modelo de análisis del discurso que propone esta teoría a uno de los ejemplares del *Catálogo de publicaciones editadas entre 1928 y 1939 por las instituciones turísticas españolas y sus traducciones al alemán* (Valdenebro, 2023). El objetivo era poner a prueba las herramientas teóricas y metodológicas que ofrece la teoría de la valoración para identificar las posibles dificultades y los límites de su aplicación y adaptarlas al discurso turístico.

---

[33] Véase "Los comienzos del discurso turístico institucional en España a través de la hoja de ciudad *Cádiz* en español y su traducción al alemán: estudio lingüístico y traductológico" (Valdenebro, 2020: 33-42).

2.3 LA TEORÍA DE LA VALORACIÓN APLICADA AL ESTUDIO DE LA TRADUCCIÓN TURÍSTICA, LA AGENTIVIDAD Y LA IDEOLOGÍA PRESENTE EN FOLLETOS TURÍSTICOS EDITADOS POR EL SERVICIO NACIONAL DEL TURISMO (1938)

A lo largo de este capítulo hemos revisado los fundamentos teóricos del presente trabajo. En el primer bloque ha quedado claro que no es posible considerar una afirmación como *ideológica* si la analizamos sin tener en cuenta su práctica social discursiva. Las ideologías son *cosmovisiones* (Vences, 2001: 265), reflejan situaciones sociales complejas y se plasman en los discursos ubicados en contextos sociales en los que los participantes actúan intencionadamente y forman parte de un colectivo, cuyos miembros comparten las mismas reglas y normas del discurso.

Por tanto, estudiar la ideología que subyace a un producto textual implica afrontar el reto de que esta se propaga de manera silenciosa y sutil y adoptar un enfoque que vaya más allá del análisis textual y que estudie el texto en su contexto más amplio. Solo así entendemos que una investigación puede resultar fructífera.

En las traducciones, como productos textuales, también se cristalizan las ideologías que influyen a los diferentes participantes implicados en el proceso de traducción. Además, la tarea de traducción no está únicamente sujeta a las decisiones del traductor, sino a las de otros participantes implicados en el proceso de traducción, que intervienen en el proceso y toman partido, pero se encuentran en un segundo plano. La mayor o menor influencia de los agentes en el proceso de traducción se puede rastrear, a veces, en el texto traducido y, frecuentemente, en los diferentes documentos que preceden a la traducción final.

En el campo del turismo, los textos turísticos también responden a una determinada concepción del mundo y los rasgos culturales e ideológicos desempeñan un papel clave. Retomando lo expuesto en el capítulo 1, el discurso turístico promovido por el Servicio Nacional del Turismo (1938-1939) se caracterizó por promocionar una imagen concreta de España y de los dos bandos enfrentados en la guerra civil española (1936-1939), e intuimos que los folletos turísticos contienen sistemas de valores específicos, por lo que se advierte que los mensajes presentes en los textos no solo eran turísticos, sino que también representaban una concepción del mundo –por tanto, eran ideológicos–, y que el SNT los utilizó para desarrollar su particular propaganda política.

Los enfoques sociológicos aplicados a la traducción del apartado 2.1 nos permitirán estudiar los textos desde una perspectiva contextual. Así, podremos explorar la labor del propio Servicio Nacional del Turismo, como organismo de publicación de los textos y responsable de su traducción institucional. Es decir, investigaremos su papel como agente implicado tanto en el proceso de redacción como en el proceso de traducción. También nos centraremos en el papel del traductor y los límites de su agentividad en este contexto comunicativo-turístico tan especial. En este sentido, la *actor network theory* de Latour constituye una herramienta muy útil para este trabajo. Aplicaremos y adaptaremos la ANT a nuestro objeto de estudio y la complementaremos con un análisis de más bibliografía y documentación relacionada con el contexto histórico-turístico, con el fin de aportar pruebas con mayor poder explicativo. La ANT nos permitirá hipotetizar cómo era la red de producción del material textual objeto de estudio. Consideraremos a los participantes tanto humanos como a los no humanos. Utilizaremos los términos *agentes humanos* (o *actores*) y *agentes no humanos*, para referirnos a los participantes observados en el proceso de redacción y traducción de los folletos turísticos en el SNT en 1938. En este caso, al igual que en el de Solum (2017), entra en juego un agente no humano, la institución turística, organismo responsable de la publicación de los textos, que está compuesto por un equipo humano.

Como ya sabemos, los agentes pueden tener diferentes grados de agentividad y establecer relaciones jerárquicas y de poder entre ellos. En el marco de este trabajo, investigaremos si el contexto de nuestro material apunta hacia un paradigma de colaboración entre los participantes –según la ANT de Latour– o hacia uno de competición –según la teoría social de Bourdieu–. Para lograrlo, analizaremos el momento histórico-turístico y examinaremos minuciosamente el material documental recopilado en diferentes localizaciones, tal como se menciona en el capítulo dedicado a la metodología y a los materiales de investigación.

En definitiva, perseguimos contribuir a desmontar el mito de que el traductor es el único responsable de las traducciones mostrando cómo queda configurada la múltiple autoría traductora (Jansen y Wegener, 2013) en los textos objeto de estudio. Además, resulta de gran valor analizar, de manera integradora y como parte de un todo, las voces, textuales y contextuales (Alvstad y Assis, 2015: 3-4), presentes en este evento comunicativo concreto para intentar demostrar que las voces de los otros agentes son voces visibles en los textos traducidos, que se convierten así en voces textuales.

Siguiendo las premisas expuestas a lo largo del apartado 2.2.1, el concepto de género textual es fundamental en el estudio de las lenguas de especialidad como es la lengua del turismo. Se trata de una herramienta muy útil para el análisis lingüístico y traductológico de textos, que considera factores externos al texto y que ha sido aplicada por numerosos investigadores a diferentes objetos de estudio. En otras palabras, permite realizar un análisis del contexto más amplio, cultural o social y relacionar los textos objeto de estudio con el contexto sociocultural en el que se originan.

Uno de los fines de esta investigación es conocer más sobre la comunicación turística promovida por el SNT dentro el bando sublevado durante la guerra civil española (1936-1939). Por medio de un estudio descriptivo de los ejemplares en cuestión, perseguimos obtener un cuadro analítico detallado del patrón discursivo de cada texto, con el fin de caracterizar el género textual *folleto turístico* propio del año 1938. Por tanto, en primer lugar, analizaremos su estructura prototípica, su patrón organizacional, su macroestructura y los movimientos retóricos que contienen (Calvi, 2011: 31-32). También comprobaremos si la tesis de Calvi (2010, 2011) sobre el *macrogénero folleto* se cumple y si este material comparte alguna de las características mencionadas.

Sin embargo, conocemos la dificultad que conlleva estudiar de manera retrospectiva producciones textuales de situaciones comunicativas pasadas con conceptos del presente, por lo que intuimos que tendremos que adaptar los conceptos y las clasificaciones de géneros textuales aquí expuestos –sobre todo la de Calvi (2010)– al material objeto de estudio.

Si entendemos los géneros como modos de conceptualizar la realidad en la memoria colectiva (Monzó, 2002), un estudio del género textual folleto turístico (1938) nos ayudará a entender cómo el SNT conceptualizaba la realidad turística. Además, un estudio de la traducción de este género turístico al alemán nos permitirá conocer cómo la lengua alemana, la cultura alemana y la comunidad discursiva alemana de aquel periodo conceptualizaban la realidad turística. Asimismo, intentaremos esclarecer si el traductor encargado de la traducción de uno de los folletos poseía la *competencia de género*.

Como hemos mencionado anteriormente, los folletos turísticos cumplen una función marcadamente persuasiva, orientando al turista y guiándolo de cerca. En general, la persuasión es una de las funciones más importantes en el discurso turístico y, por ello, cobra especial relevancia la función interpersonal emisor-receptor. De hecho, en este ámbito el receptor es también un cliente potencial, al que llamaremos *lector-turista*. Por este motivo, es necesario adoptar enfoques lingüísticos basados en estudiar el uso de la lengua para interactuar con otros, las relaciones entre el emisor y el lector-turista y el grado de distancia entre el emisor y el lector-turista. Si aplicamos estas nociones al material objeto de estudio, analizaremos cómo se expresaba la función persuasiva en los textos y cómo era la relación entre el SNT y los lectores y potenciales turistas (españoles y alemanes).

Por último, y con el fin de complementar esta investigación en el nivel más lingüístico, estudiaremos las intervenciones y los movimientos de algunos agentes implicados en el proceso de redacción y traducción de los textos. Para ello, emplearemos y adaptaremos al discurso turístico y a la combinación lingüística español-alemán las herramientas que proporciona la teoría de la valoración, recogida en el apartado 2.2.2, ya que no nos consta que la teoría de la valoración haya sido aplicada al análisis del discurso turístico español[34] y su traducción al alemán. Cabe señalar que la teoría de la valoración es una corriente dentro del Análisis del Discurso que está en continua revisión y no constituye una teoría cerrada. De hecho, los propios Martin y White (2005) animan a su aplicación a diferentes géneros y lenguas para enriquecer sus fundamentos y remiten a su sitio web[35] para seguir las actualizaciones de esta. Este modelo pone de relieve los aspectos contextuales y culturales, al tiempo que admite la posibilidad de múltiples lecturas de los diferentes significados –sobre todo actitudinales–, lo que permite su adaptación al análisis de textos producidos en diferentes lenguas y culturas.

La mayor parte de los estudios basados en la aplicación de la teoría de la valoración a la traducción parten de un análisis profundo de los

---

[34] Munday (2012: 24) sí alude a las expresiones directas de apreciación y afecto como valoraciones típicas de textos promocionales como folletos turísticos.

[35] Disponible en: <https://www.grammatics.com/appraisal/> (último acceso: 14/04/2024).

sistemas y categorías de la valoración en el TO, con el fin de observar si esas características se repiten en el TM y forman ciertos patrones. El propósito final es detectar los *movimientos* que realiza el traductor en la traducción, su implicación valorativa y descubrir la ideología y el sistema de valores que subyacen a la traducción. Más concretamente, comprobaremos si se cumplen las estrategias de traducción propuestas por Munday en la traducción de las asociaciones contextuales y del lenguaje figurado.

Como sabemos, el uso que cada cultura hace de la valoración es diferente (Munday, 2012: 29), por lo que con este trabajo pretendemos averiguar cuáles eran los recursos valorativos típicos del discurso turístico promovido por el SNT en 1938 en España. Esto nos permitirá también describir los diferentes patrones valorativos o voces textuales presentes en este tipo de discurso.

Además, la teoría de la valoración nos permitirá comparar el TO y el TM, así como rastrear las manifestaciones textuales de los diferentes participantes implicados en los procesos de redacción y traducción turística y conocer el perfil de los receptores de los textos.

Entre los objetivos últimos de este trabajo destacan descubrir la ideología y el sistema de valores que subyacen a los productos textuales originales y observar si esos sistemas de valores se reconfiguran en la traducción de uno de estos al alemán.

Con todo ello, se persigue contribuir a cerrar la brecha que separa los enfoques lingüísticos de los culturales y sociológicos, lo que, como veremos en el siguiente capítulo, requiere de un modelo de análisis ecléctico y conciliador.

CAPÍTULO 3. METODOLOGÍA Y MATERIALES DE INVESTIGACIÓN

Una vez que hemos presentado en el capítulo anterior los fundamentos teóricos de esta investigación, continuamos describiendo la metodología elegida para lograr los objetivos establecidos.

3.1 CONSIDERACIONES METODOLÓGICAS GENERALES

El presente trabajo es fruto de una investigación cualitativa que tiene un propósito descriptivo y teórico[1], puesto que pretende contribuir a la creación de nuevo conocimiento y a la ampliación y el enriquecimiento de las diferentes teorías aplicadas. Además, esta investigación sigue las pautas fundamentales de los estudios descriptivos de traducción (en adelante EDT), sobre todo a la hora de iniciarla, esbozar su concepto y recopilar el material (Williams y Chesterman, 2002). Dentro de los EDT, se trata de un estudio orientado al *producto* y al *proceso* de traducción (Toury, 1995, 1997).

Retomando lo expuesto en el capítulo 2 y siguiendo la propuesta de clasificación de los estudios orientados a los agentes de Jansen y Wegener (2013: 14)[2], nuestra investigación constituye un estudio sobre la agentividad en traducción de tipo sociohistoriográfico, ya que combina el análisis textual (del TO y TM) y la exploración de material de archivo y contextual. La mayor parte de los investigadores de este tipo de estudios sugieren consultar material archivístico, con el fin de lograr una mayor

---

[1] Según Mendizábal (2006: 74), "los propósitos se refieren a la finalidad última de un trabajo" y pueden ser "descriptivos, teóricos, políticos y prácticos, personales y/o surgen de una demanda externa".

[2] Por su parte, Jansen y Wegener (2013: 14) dividen los estudios orientados al agente en dos grupos: los de tipo sociohistoriográfico y los de tipo empírico. Los primeros combinan el análisis textual (del TO y TM) y la exploración de material de archivo y paratextual (borradores, correspondencia, notas a pie de página, prólogos, etc.), mientras que los segundos estudian las prácticas de traducción actuales empleando estadísticas y encuestas.

aproximación a las prácticas de traducción y al papel del traductor y de los otros agentes implicados en el proceso. En este sentido, las visitas y consultas en los fondos documentales y en la base de datos que se presentan más adelante han sido clave.

En general, la investigación mediante el método científico se suele asimilar a la investigación matemática, estadística, cuantitativa y exacta, a lo que cualquier investigación "natural" en nuestra disciplina se opone. Por este motivo, y siguiendo la clasificación de diseños de investigación que propone Mendizábal (2006: 67), este estudio se basa en un diseño de investigación flexible, es decir, que no es unidireccional y puede ser modificado en el transcurso de la investigación, ya que no responde a un esquema cerrado de antemano. Esto implica que los investigadores mantengan una actitud abierta a lo inesperado y puedan realizar modifica-ciones sobre el diseño de investigación original, que enriquezcan y llenen de originalidad el resultado final (Mendizábal, 2006: 67), algo frecuente cuando se investiga un tema que es poco conocido. En cualquier caso, sí es necesario fijar una "hoja de ruta" que guíe al investigador desde el principio. Además, las fases de recolección de datos, análisis, interpre-tación y teórica se dan conjuntamente y, a veces, de manera simultánea. Este es precisamente el caso de esta investigación y de muchas otras investigaciones pertenecientes al ámbito de las humanidades.

En este tipo de aproximaciones, la experiencia personal del investi-gador y sus reflexiones también juegan un papel importante. Con el fin de desarrollar de forma creativa este tipo de trabajos, los investigadores deben poseer lo que se denomina "sensibilidad teórica o sociológica" (Mendizábal, 2006: 81) y han de tener una "actitud abierta, expectante y creativa" (ibíd.: 68). De hecho, es necesario incentivar la creatividad del investigador "haciendo preguntas a los datos" y estimulando el proceso inductivo (ibíd.: 81). Este enfoque está lejos de considerar al investigador una persona aislada del mundo que lo rodea y concibe la investigación también como una práctica social en la que influyen diferentes *agentes*.

En el estudio de los datos obtenidos a lo largo del proceso de inves-tigación, se han utilizado métodos propios de los estudios de traducción y de otras disciplinas, como las ciencias sociales y las humanidades. Entre los métodos cualitativos empleados destacan la introspección del investigador –método que ha sido fundamental en el estudio del material documental recopilado en el trabajo de campo–, el estudio de caso, como opción metodológica, y un análisis microtextual cualitativo manual de los folletos. A nuestro juicio, solo un análisis de este tipo puede arrojar luz a este fenómeno, ya que estudiar la ideología enmascarada en estos textos y su traducción al alemán es algo que un método de investigación puramente cuantitativo no podría alcanzar. Recordemos que si perseguimos estudiar la ideología que subyace a un producto textual, debemos tener en cuenta que esta se propaga de manera silenciosa y sutil. Por esta razón, hemos descartado un análisis asistido informáticamente y hemos estudiado cada ejemplar en su conjunto, evitando analizar segmentos aislados, lo que puede llevar a identificar motivos ideológicos donde no los hay y provocarnos equivocaciones, como sugieren Cunico y Munday (2007). Como veremos, se ha complementado el análisis microtextual cualitativo con el empleo puntual de algunas herramientas típicas del diseño cuantitativo, lo que nos ha permitido cuantificar y analizar en términos numéricos ciertos datos microtextuales.

Por último, partimos de la base de que no existen diseños de investigación perfectos y de que todos tienen sus limitaciones y obstáculos, en los que nos detendremos en las conclusiones de esta investigación.

3.2 INSPIRACIÓN METODOLÓGICA EN LOS ESTUDIOS DE TRADUCCIÓN: MODELOS DE ANÁLISIS PARA EL ESTUDIO DE LA IDEOLOGÍA Y SU TRADUCCIÓN

En líneas generales, las dos aportaciones que constituyen los pilares metodológicos fundamentales de esta investigación son los modelos de análisis de traducciones de Lambert y Van Gorp (1985) y de Tymoczko (2002), que se revisan a continuación.

El primer modelo de análisis de traducciones que presentamos fue propuesto desde la escuela de la manipulación por Lambert y Van Gorp (1985). Estos autores plantearon una propuesta metodológica para los estudios de caso de traducciones literarias basada en un modelo de análisis descendente, que busca reconciliar las posturas lingüística y cultural, y que parte de un macroestudio del texto para pasar después al microestudio de los elementos que lo componen. El método de Lambert y van Gorp (1985: 46-47) consta de cuatro fases, que resumimos así:

1. Análisis de datos preliminares o análisis extratextual: título, nombre del autor, nombre del traductor, etc.

2. Análisis del macronivel textual: división del texto, títulos de los capítulos, estructura narrativa interna, etc.
3. Análisis del micronivel textual: estrategias adoptadas desde el punto de vista gramatical o léxico y otros factores como la perspectiva del narrador o modalidad.
4. Análisis del contexto sistémico: oposiciones entre los niveles macro y micro y entre el texto y la teoría, relaciones intertextuales con otras traducciones, etc.

Este modelo se fundamenta en el análisis de los sistemas origen y meta y de las interrelaciones entre estos y con otros sistemas. Mediante esta propuesta podemos determinar hacia qué cultura está orientada la traducción: hacia la de origen (*principio de la adecuación*) o hacia la meta (*principio de la aceptabilidad*), principios propuestos anteriormente por Toury (1980). Estos autores proponen un esquema que muestre las relaciones que pueden existir en la producción de una traducción y que pueden observarse en la descripción de la traducción. Además, apuntan que el primer paso que se debe seguir en una investigación descriptiva es recopilar información general sobre las características macro- y microestructurales de la traducción.

Lambert y Van Gorp (1985) sostienen que el investigador no debe limitarse a un mero análisis contrastivo entre el texto origen y su traducción, porque existen otros elementos que pueden influir en el resultado final de una traducción, como pueden ser las consideraciones estéticas, económicas o ideológicas. Este es uno de los principales motivos por los que este planteamiento resulta válido para nuestro estudio, ya que no se centra únicamente en el nivel textual de análisis de traducciones, sino que ubica el texto en un contexto más general, lo que nos permite explorar la relación entre traducción e ideología. En nuestro caso, será necesario enmarcar los textos originales y la traducción de uno de ellos al alemán en los contextos socioculturales e históricos específicos en los surgieron, con el fin de buscar una explicación coherente y fundamentada a los ejemplos de ideología que podamos detectar en el análisis de los ejemplares.

El segundo modelo de análisis de traducciones que nos ha servido como elemento articulador y guía de este trabajo es el esquema propuesto por Tymoczko (2002), que se basa principalmente en las dos dimensiones del análisis de una investigación traductológica: el microanálisis y el macroanálisis.

Tymoczko (2002: 17) señala que los investigadores pueden realizar sus estudios desde la dirección macroscópica o desde la microscópica. Lejos de apoyar un tipo de análisis y descartar otro, Tymoczko (2014 [1985], 2007: 158-159, 2002) afirma que la mejor forma de trabajo es la doble perspectiva de análisis o "convergencia" del macroanálisis y del microanálisis. Esta investigadora propone equiparar ambos tipos de análisis y destaca, sobre todo, la importancia que supone un macroanálisis al ofrecer al lector una ingente cantidad de conocimientos contextuales fundamentales para la comprensión global de los textos (Tymoczko, 2002: 12).

Dentro del microanálisis, Tymoczko sugiere catalogar de manera sistemática la información lingüística y extralingüística encontrada:

> In looking for textual evidence, one should have either a mental or formal checklist of the various linguistic levels to watch: phonology (as reflected in names or borrowed words, for example), lexis, semantics, morphology, grammar, syntax, idioms, metaphors, register, dialect, and so forth. One should also consider physical aspects of the translation as object at this stage, including the form of publication, publisher, series and publishing context, cost, binding, title, illustrations and typeface (Tymoczko, 2002: 18).

El siguiente paso que propone Tymoczko es preguntarse qué significado tienen los elementos textuales en la posición cultural e ideológica.

Como hemos mencionado anteriormente, Chesterman (1997) ya había propuesto buscar explicaciones en los niveles microtextual y macrotextual en el estudio de traducciones que permitieran entender los textos en su entorno.

Los modelos de análisis de traducciones de Lambert y Van Gorp (1985) y de Tymoczko (2002) han servido como inspiración metodológica para otras investigaciones, como las tesis doctorales de Rioja (2008) o de Meseguer (2014).

En su tesis doctoral, Rioja (2008) proporciona una herramienta metodológica para explorar la censura en la traducción de textos durante la España franquista. El modelo de análisis Rioja (2008) sugiere un estudio sistemático y coherente dividido en tres fases: estudio preliminar, estudio textual y recepción de la obra en España.

La utilidad y aplicabilidad al estudio de la censura de la propuesta de Rioja (2008) hizo que Meseguer (2014) aplicara este método de análisis a su objeto de estudio. Además, Meseguer (2014) completa esta propuesta con el uso de material extratextual procedente del Archivo General de la Administración (AGA), que precisamente también es una de nuestras fuentes documentales, como se recoge más adelante.

En su tesis doctoral, Meseguer (2014) propone adoptar un enfoque ecléctico que tenga la base sólida y científica defendida por los enfoques lingüísticos, pero que se complemente con la orientación sociohistórica y crítica de los enfoques culturales. Este enfoque permite al investigador conciliar los estudios cuantitativos con los cualitativos. Meseguer (2014) sugiere un modelo de análisis dividido también en tres fases, que denomina contextualización, estudio textual y recepción de la obra en España.

A nuestro juicio, ambas propuestas aportan resultados de gran valor sobre la relación entre la traducción y la ideología, lo que nos hace reflexionar sobre su aplicación al estudio de nuestras unidades de análisis.

3.3 BÚSQUEDA Y RECOPILACIÓN DE LOS MATERIALES DE INVESTIGACIÓN

Esta investigación tiene una base empírica que radica en dos tipos diferentes de unidades de análisis: las textuales y las contextuales, puesto que se estudian no solo los textos, sino también el contexto en el que se generaron.

Las unidades de análisis textuales son los dos textos origen en español y la traducción de uno de ellos al alemán que editó el Servicio Nacional del Turismo, y que promocionan dos itinerarios diferentes de la Ruta de Guerra del Norte. Los tres ejemplares forman parte del catálogo digital de publicaciones turísticas y sus traducciones al alemán, que hemos mencionado anteriormente.

Las unidades de análisis contextuales, que incluimos más adelante, nos han permitido estudiar la realidad turística en España durante la guerra civil española (1936-1939) y generar conocimiento también en el plano contextual.

La recopilación de todos estos materiales ha sido posible gracias al trabajo de campo desarrollado en diferentes localizaciones, que es un elemento clave en toda investigación de tipo cualitativo y, más específicamente, en toda investigación sobre la agentividad en traducción de tipo sociohistoriográfico, y cuyos aspectos más significativos repasamos a continuación.

3.3.1 Archivo Histórico del Turismo[3]

El primer archivo que visitamos presencialmente fue el Archivo Histórico del Turismo (en alemán, Historisches Archiv zum Tourismus, en adelante HAT), situado en el Centro de Estudios Metropolitanos (en inglés, Center for Metropolitan Studies) de la Universidad Técnica de Berlín (en alemán, Technische Universität Berlin) (Alemania).

El HAT constituye un fondo documental único, que recopila documentos turísticos históricos procedentes de todo el mundo, desde el siglo XVII hasta la actualidad, y escritos mayoritariamente en lengua alemana[4]. Dispone también de un catálogo digitalizado, que cuenta con un total de aproximadamente 16.000 ejemplares muy diversos (monografías, revistas, carteles y mapas) y que se puede consultar presencialmente o en su sitio web. Además, dispone de una colección de 50.000 folletos no catalogados pero ordenados con arreglo a un criterio geográfico.

En la primera visita al HAT, intentamos establecer una visión general de los materiales que nos interesaba recopilar para la investigación, y nos centramos en los folletos en alemán no catalogados digitalmente, concretamente los que contenía la caja S32-XX-45. En algunos casos, a cada publicación turística le precedía una ficha como la que se muestra en la tabla 6, lo que facilitó su identificación y datación cronológica.

El HAT ha sido especialmente importante para esta investigación, ya que allí se ha localizado la traducción al alemán de uno de los folletos turísticos editado por el Servicio Nacional del Turismo que estudiamos más adelante.

---

[3] Para más información sobre el Archivo Histórico del Turismo (HAT), remitimos a su sitio web oficial: <https://www.tu.berlin/arte/hat> (último acceso: 14/04/2024).

[4] Guías, relatos de viajes, estadísticas, folletos, revistas especializadas y no especializadas, carteles, mapas, correspondencia, álbumes de fotos, etc.

Tabla 6. Transcripción de la ficha documental del folleto *El itinerario "F"* *de la Ruta de Guerra del Norte-TM* en alemán del HAT[5]

Artinhalt der Veröffentlichung	Prospekt (Folder)
Autor/Hrsg./Auftraggeber	Staatliches Spanisches Verkehrsamt
Titel	Nationalspanien ladet Sie zum Besuch der Kriegszone im Norden ein
Motiv	Gijon (Simancakaserne) - Ruine
Reihe/Zeitschrift	-
Verlag/Hersteller	-
Gestalter	-
Erscheinungsjahr/-ort	1938/39 (?)
Format	11,5x20
Versicherungswert	?
Herkunft	HB
Standort	?
Suchwörter	Spanien, Fremdenverkehrsamt, Kriegstourismus

3.3.2 Archivo General de la Administración[6]

Otro archivo que también visitamos presencialmente en varias ocasiones fue el Archivo General de la Administración (AGA), situado en Alcalá de Henares, Madrid (España).

El AGA es uno de los archivos generales dependientes del Ministerio de Educación y Cultura; fue creado en 1969 y su función principal es recoger, seleccionar, conservar y disponer para la información y la investigación científica los fondos documentales de la Administración pública que carezcan de vigencia administrativa. El AGA dispone de sitio

---

[5] Transcripción de acuerdo con el original.
[6] Para más información sobre el Archivo General de la Administración (AGA), remitimos a su sitio web oficial: <https://www.culturaydeporte.gob.es/cultura/areas/archivos/mc/archivos/aga/portada.html> (último acceso: 14/04/2024).

web, pero sus fondos no están digitalizados, y ni siquiera la consulta de su catálogo en línea sirve de gran ayuda.

La documentación producida por el Servicio Nacional del Turismo se encuentra depositada en el AGA. En concreto, nos interesaban los expedientes integrados dentro del inventario 49.2. de la sección 3 (Cultura).

3.3.3 Biblioteca Nacional de España[7]

Por último, también consultamos la Biblioteca Nacional de España (en adelante, BNE), situada en Madrid (España).

La BNE recibe y conserva ejemplares de todos los libros publicados en España, entre otros materiales. El acceso libre y gratuito al catálogo digitalizado es una de las grandes ventajas de la BNE, lo que permite al investigador realizar búsquedas de las obras que le interesen, sin la necesidad de visitarlo presencialmente. Una vez localizada la obra, la BNE ofrece información sobre el material mediante un registro.

En este caso, nos interesaba el grupo de publicaciones de fondos anteriores a 1958. En la BNE se han localizado los dos folletos turísticos en español editados por el Servicio Nacional del Turismo que son objeto de estudio en este trabajo.

3.3.4 Gazeta[8]

La Gazeta es la base de datos que ofrece la colección histórica del Diario Oficial y contiene disposiciones y noticias publicadas en los diarios oficiales antecesores del actual *Boletín Oficial del Estado*, desde 1661 hasta 1959.

Es importante señalar que, desde sus inicios y a lo largo de su historia, la Gazeta recibió diferentes títulos y que, a veces, convivieron varios diarios oficiales con diferentes denominaciones. Durante la Guerra

---

[7] Para más información sobre la Biblioteca Nacional de España (BNE), remitimos a su sitio web oficial: <http://www.bne.es/es/Inicio/index.html> (último acceso: 14/04/2024).

[8] Para más información sobre la base de datos Gazeta, remitimos a su sitio web oficial: <https://www.boe.es/diario_gazeta/index.php> (último acceso: 14/04/2024).

Civil se editaron en paralelo dos periódicos oficiales: el Gobierno de la República continuó publicando la *Gaceta de Madrid*, pero cambiando su nombre desde el 10 de noviembre de 1936 por *Gaceta de la República*; mientras que el Gobierno del bando sublevado con sede en Burgos utilizó desde el 2 de octubre de 1936 la denominación *Boletín Oficial del Estado*, para distinguirse de la edición de la República. Finalizada la guerra, la publicación mantendría este último título hasta la actualidad.

La Gazeta puede consultarse a través del formulario de búsqueda avanzada en su sitio web. Tras efectuar la búsqueda, se recupera un listado de resultados en el que aparecen reseñados los documentos localizados, que pueden descargarse de manera libre y gratuita en formato PDF.

En esta investigación, se ha utilizado la Gazeta para la búsqueda de material contextual (legislación y documentos oficiales) relacionado con el Servicio Nacional del Turismo.

3.4 UN MODELO DE ANÁLISIS MIXTO PARA EL ANÁLISIS DISCURSIVO Y TRADUCTOLÓGICO DE FOLLETOS TURÍSTICOS EDITADOS POR EL SERVICIO NACIONAL DEL TURISMO (1938)

Una vez resumidas las principales aportaciones de los enfoques sociológicos, del concepto de género textual y de la teoría de la valoración a los estudios de traducción, y tomando como referencia las propuestas metodológicas aquí expuestas, llega el momento de presentar nuestro propio método de análisis para el estudio de los folletos turísticos editados por el Servicio Nacional del Turismo en 1938, durante la guerra civil española (1936-1939). En términos metodológicos, este estudio requiere la aplicación de un modelo mixto que combine un análisis en el nivel extratextual con uno en los niveles macro- y microtextual, es decir, que favorezca la interrelación entre el contexto histórico-turístico y el lingüístico.

Este apartado se divide en tres partes, que se corresponden con los tres bloques que componen el modelo de análisis mixto propuesto, aplicable a los ejemplares objeto de estudio.

3.4.1 Contextualización

En esta fase adoptamos una perspectiva de tipo "macroscópico", que se corresponde con la fase extratextual de Lambert y van Gorp y con la extralingüística de Tymoczko.

El primer paso de este estudio preliminar consiste en analizar contextualmente la etapa histórica en la que se producen los textos y la labor que la institución turística desempeñó como "autora" o promotora de los textos durante esta.

En segundo lugar, investigamos cómo se desarrolló el proceso de redacción y traducción de los folletos dentro de la institución turística. Con ello, tratamos de acercarnos mucho más a la realidad de la labor de redacción y traducción turística y a los diferentes agentes que influyeron en estos procesos. Esto ha sido posible gracias a una amplia lectura de bibliografía relacionada con la historia del turismo en España y la historia contemporánea de España, así como al material archivístico del AGA y de la base de datos Gazeta, que revisamos a continuación.

Afortunadamente, la memoria del turismo español se puede reconstruir, sobre todo, a partir de documentación administrativa y de su propia producción documental, que se encuentra depositada y custodiada en archivos, bibliotecas, centros de documentación y una base de datos. Las principales fuentes primarias[9] en esta investigación han sido las siguientes:

- la documentación legislativa estatal de la época;
- documentos oficiales publicados por la propia institución turística;
- escritos procedimentales del ámbito editorial turístico-estatal;
- otros documentos contextuales relevantes para los fines de este trabajo.

Por medio de estos documentos legislativos, hemos realizado un seguimiento fiable de los distintos acontecimientos político-administrativos, lo que nos ha permitido documentar de manera directa este periodo,

---

[9] En líneas generales, existen dos tipos de fuentes de información: las primarias (documentación) y las secundarias o interpretativas (bibliografía). Además, si las fuentes secundarias son contemporáneas a la época que estudian, se convierten en fuentes primarias en sí mismas.

aportando datos de gran interés histórico y turístico, que no habían sido estudiados anteriormente. Se ha examinado detalladamente la Ley de 30 de enero de 1938, que creó el Servicio Nacional del Turismo. Además, hemos llevado a cabo un seguimiento del *Boletín Oficial del Estado*, de donde hemos obtenido la normativa aprobada sobre turismo durante los años que comprende la investigación. Las disposiciones del *Boletín Oficial del Estado* analizadas son: el Decreto de 25 de marzo de 1938, que autorizaba a poner en funcionamiento la Ruta Nacional de Guerra del Norte; los diferentes concursos (20 de mayo de 1938 y 16 de noviembre de 1938) para la provisión de plazas guías-intérpretes-auxiliares para acompañar a los viajeros que visiten las Rutas Nacionales de Guerra; y el Decreto de 29 de octubre de 1938, que autorizaba extender las Rutas Nacionales de Guerra a otras regiones.

En el AGA también recopilamos información documental sobre el proyecto turístico Rutas Nacionales de Guerra del Servicio Nacional del Turismo, concretamente, sobre los itinerarios de la Ruta de Guerra del Norte, las instrucciones generales para los turistas extranjeros y las normas para el cambio de divisas.

Por último, para lograr una completa contextualización, hemos recurrido a la lectura de bibliografía sobre la historia general del turismo y la historia de España y, en particular, a la literatura sobre historia del turismo en España durante la guerra civil española (1936-1939).

Con el fin de facilitar la comprensión de este apartado, la tabla 7 recoge de forma sintética el material documental referido a los organismos turísticos estatales y su localización.

Tabla 7. Localización del material documental relativo
al Servicio Nacional del Turismo (1938-1939)

Institución turística	Documento	Localización
Servicio Nacional del Turismo (1938-1939)	• Ley de 30 de enero de 1938 • Decreto de 25 de marzo de 1938 • Decreto de 29 de marzo de 1938 • Concursos para la provisión plazas de guías-intérpretes-auxiliares para acompañar a los viajeros que visiten las Rutas Nacionales de Guerra (20 de mayo de 1938 y 16 de noviembre de 1938) • Decreto de 29 de octubre de 1938	Gazeta, *Boletín Oficial del Estado*

Institución turística	Documento	Localización
Servicio Nacional del Turismo (1938-1939)	• Documentación sobre el proyecto turístico Rutas Nacionales de Guerra • Itinerarios de la Ruta de Guerra del Norte • Instrucciones generales para los visitantes (también los extranjeros) • Normas para el cambio de divisas	AGA, (3) 49.2.12.028.

3.4.2 Análisis textual

La segunda fase es la del análisis textual, que se subdivide en análisis macrotextual y análisis microtextual.

El estudio macrotextual se centra en la caracterización del género textual del TO (y TM) y su traducción al alemán. Es decir, analizamos las características estructurales más relevantes del folleto turístico –y de su traducción–, con especial atención a los elementos no verbales, recurso fundamental en los textos de promoción turística.

El estudio microtextual comprende un análisis discursivo y comparativo del TO (voz autorial original) y TM (voz autorial traducida) en relación con los recursos de la expresión de la valoración (actitud, graduación y compromiso) y los indicadores de posición deíctica, y se reconstruye el tipo de lector que proyectan los textos. Además, se identifican, seleccionan y comentan los ejemplos más significativos de las intervenciones de los agentes y se estudia cómo afectan estas al sistema de valores de los textos, es decir, se presta especial atención a aquellos indicios que enmascaran cualquier tipo de misiva ideológica. Cabe destacar que las intervenciones de los agentes se identifican gracias a un proceso de marcación completamente manual en el que el propio investigador es quien las detecta, selecciona, clasifica y analiza, como explicamos más adelante. Por último, se describe el patrón valorativo que caracteriza el estilo valorativo o la voz textual del texto, y se representan sus rasgos principales de forma cuantitativa con el fin de establecer con qué frecuencia se emplearon determinados recursos.

Para analizar correctamente los folletos, se preparó previamente el material textual. El primer paso fue transcribir los textos con el *software* de procesamiento de textos Microsoft Word. Esta tarea presentó ciertas dificultades debido a las diferencias en las normas ortográficas, sintácticas y de redacción utilizadas en aquel momento. Somos conscientes de que los textos contienen errores; sin embargo, en este trabajo nos limitamos a transcribirlos y no indagamos en las razones de estos, ya que hacerlo excedería el marco de la investigación.

Además, en la edición de documentos de este tipo, no hay unificación de criterios en cuanto a la técnica de transcripción empleada, y cada investigador debe articular su propio sistema de edición de acuerdo con sus intereses y con las características de los textos publicados. Por esta razón, la solución que consideramos más acertada para los fines de esta investigación fue la de realizar una transcripción literal de todos los textos, respetando en lo posible su grafía y puntuación originales, y sin alteraciones. Asimismo, asignamos diferentes números de página.

Adaptando diversas propuestas de normas de transcripción paleográfica de documentos históricos[10] a las necesidades de nuestra investigación, hemos incluido entre corchetes y en mayúscula cualquier adición realizada en el texto original. Entre los casos más habituales se encuentran aquellas relacionadas con mapas y sellos.

El siguiente paso fue realizar una lectura minuciosa de los originales en español y la traducción de uno de ellos al alemán. De manera simultánea, se diseñó un sistema de marcación (véase tabla 8), a partir del que proponen Martin y White (2005) y complementa Munday (2012), que nos permitiera identificar la realización de los diferentes sistemas y categorías de la expresión de la valoración y los indicadores de posición deíctica. Para ello, utilizamos la herramienta "marcador" del *software* de procesamiento de textos Microsoft Word, que nos permitió marcar de forma manual elementos con diferentes colores (véanse ilustraciones 1 y 2).

Además, a medida que se avanzaba con la lectura y la marcación de los textos, surgían nuevos interrogantes que modificaban datos anteriores.

---

[10] A modo de ejemplo, remitimos a Tanodi (2000) y a las normas de transcripción de: <https://artxiboa.mendezmende.org/es/normativas/transcripcion-paleografica.html> (último acceso: 14/04/2024).

Tabla 8. Leyenda de colores del sistema de marcación de los textos

Realizaciones de la actitud	directas		expresiones directas de la actitud
	indirectas		expresiones indirectas de la actitud
			asociaciones
			asociaciones propagandísticas
Realizaciones del compromiso			expresiones del compromiso
			pronunciamiento o consideración
Indicadores de posición deíctica			*nosotros espacio-temporal e identitario*
			ellos identitario exclusivo
Técnicas de traducción observadas			segmento añadido en la traducción
			omisión en la traducción

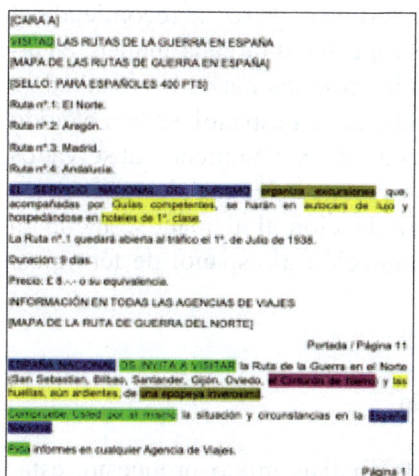

Ilustración 1. Ejemplo del sistema de marcación en el TO: *El itinerario "F" de la Ruta de Guerra del Norte-TO*

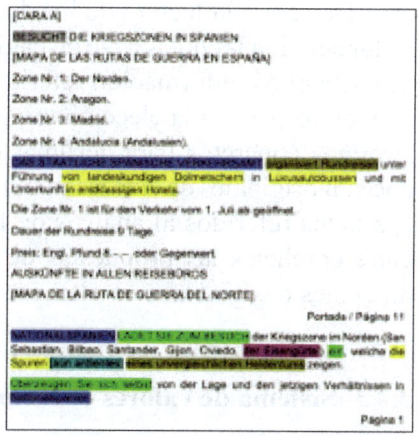

Ilustración 2. Ejemplo del sistema de marcación en el TM: *El itinerario "F" de la Ruta de Guerra del Norte-TM*

Con el fin de simplificar la representación de estos elementos y siguiendo la recomendación de Martin y White (2005) a la hora de plasmar los resultados del análisis microtextual, optamos por un sistema de marcación mucho más simple y menos colorido.

Una vez que identificamos las realizaciones de los sistemas y las categorías de la expresión de la valoración, así como los indicadores de posición deíctica, los clasificamos en tablas siguiendo, una vez más, la tipología propuesta por Martin y White (2005) e implementada por Munday (2012). Cada realización incluida en la tabla aparece acompañada del número de página donde se localiza dentro del texto (véase a modo de ejemplo la tabla 9). Este diseño en forma de tabla nos permitió aplicar después herramientas de análisis cuantitativo y contabilizar el número de realizaciones de cada texto. Por último, realizamos el mismo proceso con la traducción, lo que nos permitió realizar un análisis comparativo efectivo del TO y TM.

En cuanto a los indicadores de posición deíctica, siguiendo las ideas presentadas por Munday (2012), se utilizan tablas y figuras, como las que incluimos en los análisis microtextuales. En estos casos, indicamos la graduación de las realizaciones utilizando la **negrita** y los elementos heteroglósicos e indicadores de posición deíctica sombreados en color gris. De cara a la lectura de los dos estudios de caso, se recomienda al lector acudir a las notas a pie de página específicas de cada análisis, en las que se incluye información referida a la presentación de los resultados.

Con respecto a la elección terminológica en español, se han elegido términos concretos para designar categorías y fenómenos observados que son originales de este trabajo. En cuanto a la lengua alemana, en los apartados referidos al análisis de la traducción al alemán, se incluyen entre corchetes las propuestas de traducción al español de términos, oraciones o segmentos en alemán.

3.4.3 Sistema de valores e ideología

En este último bloque del modelo de análisis mixto propuesto, establecemos correspondencias entre el material textual y la información documental recopilada, con el fin de resolver los interrogantes que hayan ido surgiendo del estudio de cada folleto.

En este sentido, los datos extratextuales procedentes de la exploración del material documental extraído del AGA y de la base de datos Gazeta proporcionan información contextual necesaria para interpretar los datos que se desprenden de la fase de análisis microtextual y nos permiten adoptar una perspectiva de tipo "macroscópico".

Así, caracterizamos el sistema de valores que subyace a los textos origen y reflexionamos sobre las consecuencias y el impacto de la intervención traductora o de otro tipo de agentes en la reconfiguración del sistema de valores en la traducción al alemán de uno de los folletos. En último término, se identifica la ideología presente en los folletos, que representa la de uno de los grupos de poder dominantes presentes en el periodo estudiado.

CAPÍTULO 4. EL FOLLETO TURÍSTICO *EL ITINERARIO "F" DE LA RUTA DE GUERRA DEL NORTE* Y SU TRADUCCIÓN AL ALEMÁN

El siguiente estudio de caso se centra en el folleto turístico *El itinerario "F" de la Ruta de Guerra del Norte*[1] y su traducción al alemán[2].

Antes de continuar, cabe mencionar que el folleto turístico ha sido objeto de estudio en investigaciones de tipo gráfico (*cf.* Brandis y del Río, 2016), y que esta no es nuestra primera incursión en el ejemplar y su traducción al alemán. En la publicación digital "Los signos no verbales en la propaganda ideológica del bando franquista a través de un folleto turístico" (Valdenebro, 2017)[3], realizamos un análisis de los elementos de la comunicación no verbal que formaron parte de la campaña de propaganda ideológica desarrollada por el bando franquista durante la Guerra Civil, tanto dentro como fuera de España, complementando la propuesta de Brandis y del Río (2016). Además, en la publicación "Turismo y traducción como instrumentos al servicio de la propaganda ideológica del Estado durante la Guerra Civil española: Estudio lingüístico y traductológico" (Valdenebro, 2018: 177-193), ejemplificamos, de la mano del folleto en español y su versión traducida al alemán, un tipo de análisis destinado a identificar las marcas metadiscursivas con las que se alcanza la persuasión del lector y se codifica la ideología en este particular acto de comunicación turística.

En este trabajo complementamos los resultados y las conclusiones obtenidos en las aportaciones de 2017 y de 2018 con un estudio en profundidad desde otras perspectivas del ejemplar en cuestión, aportando nuevos datos al respecto.

---

[1] El folleto turístico *El itinerario "F" de la Ruta de Guerra del Norte-TO* se encuentra en la Biblioteca Nacional de España (BNE) de Madrid (España), MV/1/1355.

[2] El folleto turístico *El itinerario "F" de la Ruta de Guerra del Norte-TM* se encuentra en el Archivo Histórico del Turismo (Historisches Archiv zum Tourismus, HAT) del Centro de Estudios Metropolitanos de la Universidad Técnica de Berlín (Alemania), S32-XX-45.

[3] La publicación digital está disponible en: <https://sites.google.com/view/signo/curso-2017/comunicaciones-virtuales'authuser=0> (último acceso: 14/04/2024).

4.1 CONTEXTUALIZACIÓN DEL ESTUDIO DE CASO

Tal y como se recoge en el capítulo 1, tras el estallido de la guerra civil española en 1936, en España convivieron dos administraciones turísticas: en la España del bando republicano, el Patronato Nacional del Turismo se mantuvo como tal, mientras que, en la del bando sublevado, se creó el Servicio Nacional del Turismo[4], dependiente del Ministerio de Interior.

Ambos bandos se percataron rápidamente de que la propaganda constituía un arma bélica complementaria muy poderosa y no dudaron en utilizar el turismo como una herramienta de propaganda política. Así, en 1938, en pleno conflicto bélico, el Servicio Nacional del Turismo puso en marcha el proyecto turístico Rutas Nacionales de Guerra. Como ya se ha señalado en el apartado 1.2, el SNT se esforzó por crear una gran campaña de propaganda hacia el exterior[5], con el fin de legitimar y justificar la sublevación militar del bando franquista como necesaria para la salvación del país. A este objetivo político y propagandístico se le unía también un objetivo económico.

El SNT tuvo una vida muy corta, por lo que su labor editorial se limitó a la publicación de material promocional sobre las Rutas Nacionales de Guerra, como folletos y carteles, para ser expuestos en agencias de turismo y entregados a los viajeros interesados.

Las Rutas Nacionales de Guerra constituían un paquete turístico diseñado y destinado a turistas extranjeros procedentes de diferentes países, no solo a turistas de los países aliados del bando sublevado, Alemania e Italia. Tal y como refleja Correyero (2004: 60), durante la rueda de prensa de presentación de los itinerarios, Ramón Serrano Suñer señalaba que las rutas estaban destinadas a "los ciudadanos de los países civilizados".

Con el fin de vender el paquete turístico de las Rutas Nacionales de Guerra en el exterior, el SNT tuvo que tejer una red de contactos y relaciones con numerosas agencias de turismo de toda Europa. Para internacionalizar esta campaña, el SNT recurrió a la labor de traducción.

---

[4] Para más información sobre el Servicio Nacional del Turismo y su gestión turística, remitimos al capítulo 1.

[5] Recordemos que Fernández Fúster (1991) hace hincapié en definir las Rutas Nacionales de Guerra como una actuación política y propagandística, más que como un hecho turístico en sí.

De hecho, el material promocional sobre la Ruta de Guerra del Norte se tradujo a seis idiomas: español, francés, inglés, italiano, alemán y portugués. A ojos del SNT, parece que estas lenguas se corresponden con los países "civilizados" a los que se refería Ramón Serrano Suñer en la rueda de prensa.

Gracias a nuestras investigaciones en el AGA y en la base de datos Gazeta, así como por las características del propio folleto, podemos afirmar que este ejemplar estaba dedicado a la promoción del itinerario "F" de la Ruta de Guerra del Norte, que se diseñó con tres itinerarios, tal y como hemos recogido en el apartado 1.3. Este itinerario estaba dirigido a los turistas que entraban por la frontera de Francia, tenía una duración de 9 días (1.101 kilómetros), un precio de 400 pesetas –que incluía todo tipo de servicios (transporte, alojamiento en hoteles de primera clase, desayuno, comidas, propinas, transporte de equipaje y seguro de viajero)– y se efectuaba en autocares Pullman, de treinta y tres plazas, con un guía-intérprete.

En un intento de acercarnos más a la realidad de las labores de redacción y traducción turísticas de esta época y a los diferentes participantes (humanos y no humanos) que influyeron en estos procesos, hemos estudiado el material contextual depositado en el AGA y en la base de datos Gazeta, y realizado una amplia lectura de bibliografía relacionada con la historia del turismo en España y la historia contemporánea de España. Estos datos contextuales recopilados durante el trabajo de campo nos han permitido hipotetizar cómo pudieron llevarse a cabo los procesos de redacción y traducción y qué participantes creemos que tuvieron más influencia en estos.

En la figura 3 reconstruimos gráficamente la que pudo ser la red de producción del folleto turístico *El itinerario "F" de la Ruta de Guerra del Norte* en español y su traducción al alemán (1938).

Para referirnos a los participantes observados en estos procesos utilizamos el término *agentes*. En la figura indicamos los agentes con rectángulos y otros elementos no humanos mediante triángulos. Además, señalamos con líneas continuas las interacciones entre los agentes que conocemos y estudiamos, y con líneas discontinuas las interacciones pendientes de exploración.

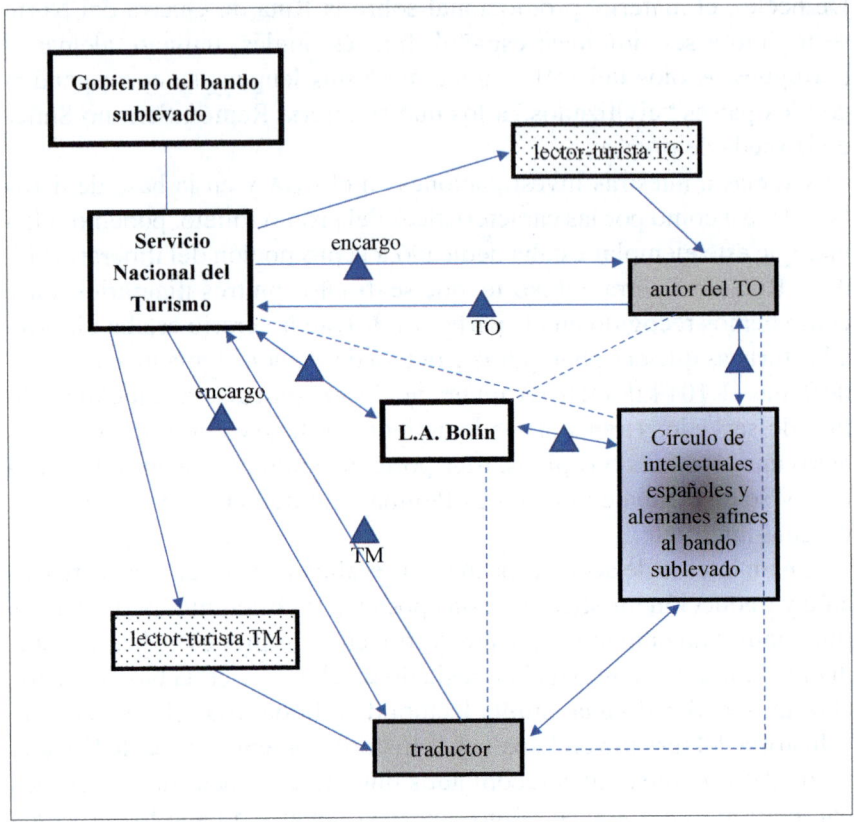

Figura 3. Mapa de la red de producción del folleto turístico *El itinerario "F"*
de la Ruta de Guerra del Norte en español y su traducción al alemán (1938)[6]

A continuación, presentamos los participantes observados en la red
de producción de este folleto turístico en español y su traducción al alemán. El siguiente orden de presentación responde al grado –de mayor a
menor– de agentividad y de poder de influencia que los agentes tenían
en los procesos.

Como sabemos, el folleto turístico *El itinerario "F" de la Ruta de
Guerra del Norte-TO* y su traducción al alemán fueron publicados en 1938

[6] Elaboración propia a partir de Tahir-Gürçağlar (2007), Jones (2009) y Abdallah (2011).

por el Servicio Nacional del Turismo, durante la guerra civil española. El Servicio Nacional del Turismo, institución turística promotora de la publicación, fue uno de los agentes más poderosos en la red y uno de los puntos centrales de esta –indicado en la figura anterior mediante un rectángulo con fondo blanco–. Según los diferentes tipos de autoría de Jansen y Wegener (2013: 23-24), el Servicio Nacional del Turismo sería el *autor ejecutivo*, *declarativo* y *revisor* del folleto.

El SNT también era un *agente no humano* integrado por un equipo humano (Solum, 2017). Por su condición de institución turística estatal, estaba dotado de la máxima agentividad y poseía el máximo poder de influencia en los procesos tanto de redacción como de traducción. Por tanto, en el SNT nace el encargo de redacción y el de traducción, y el SNT publica el original y la traducción al alemán definitivos. El SNT tenía potestad para decidir lo que se publicaba y lo que no, y cómo se publicaba, pero no podía actuar de manera independiente, ya que, como institución turística, representaba al Gobierno del bando sublevado, que, en aquel momento, era el grupo de poder dominante –poder político– en una parte de España, en la denominada por el propio bando sublevado como "España Nacional". Este grupo de poder dominante poseía un sistema de valores específico sobre el que se sustentaba una ideología determinada, que mostramos en este capítulo.

En este caso concreto, la ideología y el sistema de valores del Gobierno sublevado –y con ello del SNT– no tenían por qué coincidir con los del resto de los españoles. De hecho, dentro del territorio del bando sublevado había una parte de la población que no compartía esos valores. En "la otra España" existía un Gobierno republicano legítimo, que representaba el otro grupo de poder dominante y que se sustentaba en un sistema de valores totalmente opuesto al del Gobierno del bando sublevado.

Uno de los agentes más poderosos dentro del SNT fue Luis Antonio Bolín Bidwell (1894-1969) –indicado también en la figura anterior mediante un rectángulo con fondo blanco–. Luis Antonio Bolín Bidwell, miembro de una familia de la burguesía malagueña de origen extranjero, fue abogado y periodista especializado en el sector turístico y delegado regional del PNT para Andalucía, Canarias y el Marruecos español en 1928 (Moreno, 2007). En 1936, trabajaba como corresponsal del diario *ABC* en Londres, donde planificó, junto con Juan de la Cierva, el traslado del general Franco en el Dragon Rapide desde Canarias hasta Marruecos el 18 de julio de 1936.

Con la constitución del primer Gobierno franquista (30 de enero de 1938), Luis Antonio Bolín Bidwell fue nombrado director general del Turismo (16 de febrero de 1938). A partir de entonces llevó a cabo una importante gestión turística en guerra, acorde con la propaganda franquista, y fue el ideólogo de las Rutas Nacionales de Guerra.

El objetivo del bando sublevado era imponer un régimen dictatorial con grandes influencias de los totalitarismos italiano y alemán. Esto quiere decir que el bando sublevado tenía un control absoluto sobre lo que se publicaba y lo que se traducía en materia turística y en todos los ámbitos. De este modo, los agentes, tanto en los trabajos de redacción como en los de traducción –indicados en la figura anterior mediante un rectángulo con fondo gris–, vieron completamente limitada su agentividad. Como recogemos en el capítulo 2, en estos casos, los agentes tuvieron que considerar si las decisiones que tomaron podrían acarrear consecuencias según las normas establecidas por un régimen totalitario. En el análisis microtextual del apartado 4.3, examinaremos si el traductor optó por desafiar el sistema o, en cambio, remó a favor del sistema promovido por el Gobierno del bando sublevado.

Otros agentes integrantes de esta red fueron los receptores del folleto: los lectores, tanto el lector español como el lector alemán –indicados en la figura anterior mediante un rectángulo con fondo punteado–, que nos consta que son capaces de influir en los originales y en las traducciones (Alvstad et al., 2017: 8). Como sabemos, en el ámbito turístico, el receptor es también un cliente potencial y, en este caso, lo hemos denominado *lector-turista*[7]. El mensaje del folleto turístico que estudiamos tiene también la finalidad de aportar legitimidad al organismo emisor –SNT y Gobierno del bando sublevado–. Por tanto, constatamos que a la finalidad turística se le unía otra más importante: la de llevar a cabo propaganda política. La persuasión del lector-turista también desde el punto de vista ideológico es clave, aspecto que estudiaremos en el análisis microtextual del folleto. El análisis de la función interpersonal emisor-receptor en este ejemplar también resulta fundamental. Sabemos que los principales receptores de este material fueron los turistas extranjeros ante los que el bando sublevado pretendía justificar sus acciones, con

---

[7] El propio Servicio Nacional del Turismo emplea el término *turista/s* para referirse a los visitantes de las rutas.

el fin de minimizar las críticas internacionales sobre el golpe de Estado contra el Gobierno legítimo. Más adelante, profundizaremos en el grado de agentividad que tuvo el lector-turista extranjero en los procesos de redacción y traducción del folleto, y analizaremos en detalle cómo se presenta al lector-turista en este folleto turístico y qué indicios textuales nos aportan información sobre él.

Los rectángulos con fondo degradado indican los grupos sociocultu-rales que también pudieron influir en la red –círculo de intelectuales españoles y alemanes en España–. Dentro de este grupo se encontraría el agente Luis Antonio Bolín Bidwell.

Los elementos no humanos –indicados en la figura anterior mediante triángulos– fueron: el encargo del TO, el encargo de traducción, la re-muneración económica del autor del TO y del traductor por sus servicios prestados, algunos escritos y correspondencia entre agentes, etc.

Esta investigación arroja datos suficientes para sostener que la comu-nicación entre el SNT y los agentes de la red fue fluida y que los agentes implicados cooperaron entre ellos y facilitaron el trabajo, simplemente, por la finalidad del folleto y la rapidez con la que se tuvo que poner en marcha el proyecto sobre las Rutas Nacionales de Guerra. Descartamos que existieran *fases de suspensión* (Jansen, 2017: 140-156) en los pro-cesos de redacción y de traducción.

En este caso, las desigualdades de poder entre los agentes de la red eran evidentes, y lógicamente la agentividad de los participantes menos poderosos –autores TO y traductores– se vió totalmente comprometida por la de los más poderosos –Gobierno del bando sublevado y SNT–. Creemos que el contexto de la edición de este material promocional apunta más bien hacia un paradigma de colaboración entre los participantes, propio de la ANT de Latour, que hacia uno de competición, como propone la teoría social de Bourdieu. No obstante, cabe considerar que la colaboración de algunos agentes pudo no haber sido totalmente voluntaria y libre, sino más bien una respuesta a la necesidad de evitar consecuencias graves en el ámbito personal y profesional.

4.2 ANÁLISIS MACROTEXTUAL

En este apartado estudiamos y describimos la *estructura prototípica* (Cal-vi, 2011) del folleto turístico *El itinerario "F" de la Ruta de Guerra del*

Norte-TO, con especial atención a su formato y la distribución espacial de los contenidos.

Se trata de un ejemplar desplegable a doble cara, con fotografías en blanco y negro, del itinerario "F" de la Ruta de Guerra del Norte, que consta de una cara A (portada, contraportada, ilustraciones y mapas) (véase ilustración 3) y una cara B titulada *PAISAJES Y HUELLAS DE LA GUERRA EN ESPAÑA*, que contiene el texto y más imágenes (véase ilustración 4).

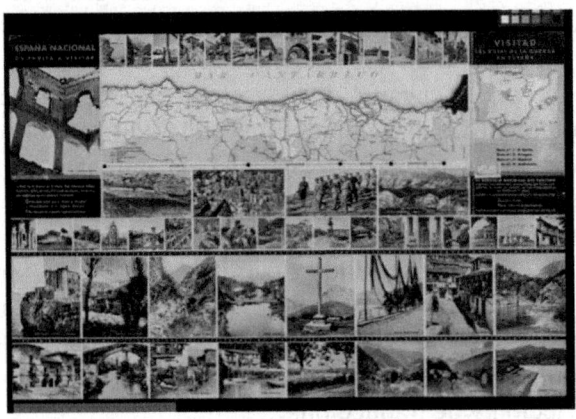

Ilustración 3. Cara A de *El itinerario "F" de la Ruta de Guerra del Norte-TO*

Ilustración 4. Cara B de *El itinerario "F" de la Ruta de Guerra del Norte-TO*

La cara A del folleto se puede dividir visualmente en tres partes. La primera parte es la portada y contraportada del folleto (esquinas superiores derecha e izquierda).

La portada (véase ilustración 5) contiene el título *VISITAD LAS RUTAS DE LA GUERRA EN ESPAÑA* en color naranja, sobre fondo negro, y con letras mayúsculas, además de un mapa de España con cuatro Rutas de Guerra. La primera palabra del título, el verbo en imperativo *VISITAD*, tiene un mayor tamaño que el resto de las palabras del enunciado. En el mapa podemos observar las cuatro rutas marcadas: en naranja la Ruta de Guerra del Norte y en negro el resto. En la parte inferior de la portada se presenta brevemente la ruta y se incluyen datos prácticos para el turista, como la duración de viaje y el precio.

La contraportada del folleto (véase ilustración 6) mantiene el mismo estilo que la portada: contiene otro título en los mismos colores que el primero, que reza *ESPAÑA NACIONAL OS INVITA A VISITAR*. La combinación léxica *ESPAÑA NACIONAL* tiene un mayor tamaño que el resto. Además, se incluye la instantánea *Gijón - Cuartel de Simancas*. Como desarrollamos a lo largo de este apartado, todos los elementos de este folleto tienen su razón de ser y las imágenes responden a un claro "criterio selectivo" (Brandis y del Río, 2016: 22).

La segunda parte de la cara A es la central, donde se inserta un mapa de la zona norte peninsular en el que aparece marcado en naranja el itinerario "F" de la Ruta de Guerra del Norte: El Norte (Irún-Gijón) (véase ilustración 7).

En la parte superior del mapa se incluyen catorce pequeñas imágenes y en la parte inferior, cuatro imágenes más grandes y dieciocho más pequeñas. Se trata de instantáneas (véase ilustración 8) que capturan las huellas físicas de la batalla, pero también paisajes y monumentos emblemáticos, lugares religiosos y escenas cotidianas, donde se presenta al pueblo alegre y emocionado de recibir a las tropas del bando sublevado. En una de ellas aparecen los generales Franco, Dávila y Vigón, entre otros, caminando por lo que creemos que era un campo de batalla. Sin duda, todas estas ilustraciones, junto con sus respectivos pies de foto, alaban las hazañas del bando sublevado.

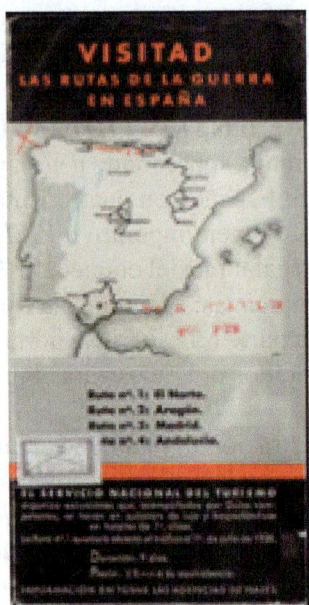

Ilustración 5. Portada
de *El itinerario "F" de la Ruta
de Guerra del Norte-TO*

Ilustración 6. Contraportada
de *El itinerario "F" de la Ruta
de Guerra del Norte-TO*

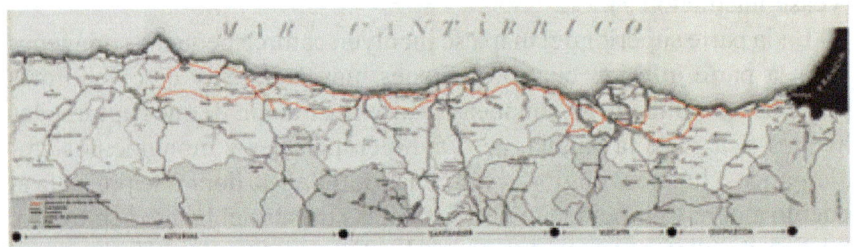

Ilustración 7. Mapa del itinerario "F" de la Ruta de Guerra del Norte:
El Norte (Irún-Gijón) en *El itinerario "F" de la Ruta de Guerra del Norte-TO*

Ilustración 8. Selección de fotografías de la cara A de *El itinerario "F"*
de la Ruta de Guerra del Norte-TO

La cara B del folleto se puede dividir visualmente en dos partes: texto e ilustraciones (véase ilustración 9). Las ilustraciones muestran a los protagonistas de la "salvación del país": incluye los ya mencionados retratos del general Franco y de los seis generales encargados de los asedios en las zonas por las que discurre la ruta: Valiño, Vigón, Dávila, Mola, Aranda y Solchaga, como parte de la información fundamental para el turista.

Ilustración 9. Los retratos de Franco y sus generales en *El itinerario "F"*
de la Ruta de Guerra del Norte-TO

Las imágenes de esta cara B (véase ilustración 10) resultan igualmente llamativas: los soldados y voluntarios del bando sublevado aparecen representados de forma idílica y heroica, mientras que los republicanos aparecen encarcelados y prisioneros. Asimismo, el folleto muestra las tropas franquistas entrando en diferentes poblaciones, el pueblo saludándolas con entusiasmo y paisajes montañosos.

Tanto en la cara A como en la B, se incluyen diferentes elementos de carácter gráfico que apoyan los mensajes propagandísticos del bando sublevado y añaden información sobre la contienda. Como observamos, todas las ilustraciones, en blanco y negro, tienen un pie de foto sobre ellas, lo que hace que sean fácilmente identificables. El uso constante de imágenes con pie de foto para identificar de manera inequívoca los lugares, eventos o personas fotografiados corrobora la tesis de que estas Rutas Nacionales de Guerra se diseñan, sobre todo, para el turismo exterior. Por último, dos elementos gráficos que nos gustaría destacar en este apartado son el uso del color naranja y el de la tipografía, concretamente, el uso de la mayúscula (véanse ilustraciones 5 y 6).

Ilustración 10. Selección de fotografías de la cara B de *El itinerario "F"* *de la Ruta de Guerra del Norte-TO*

Tal y como apuntan Brandis y del Río, este folleto es

un documento de propaganda del turismo en guerra excepcional, donde la información escrita, gráfica y cartográfica, y hasta su diseño, donde se elige el orden geométrico en la distribución y tamaño de elementos, se complementan para reforzar el mensaje que se quiere difundir (Brandis y del Río, 2016: 18-19).

Brandis y del Río ahondan mucho más en la descripción de los mensajes del folleto en español y en las propias Rutas Nacionales de Guerra:

> Las Rutas de Guerra se conciben por parte del gobierno franquista como un instrumento eficaz para conseguir varios objetivos que le interesaba ir alcanzado ante un previsible fin victorioso de la guerra. Uno de los objetivos era recuperar el turismo exterior, más el convencional o institucional, que el propiamente de guerra, y para estos turistas el Servicio Nacional de Turismo diseña una propaganda turística poco agresiva, evocando los destinos turísticos españoles consolidados y los paisajes naturales y culturales fácilmente reconocibles desde el exterior (Brandis y del Río, 2016: 22).

El mensaje propagandístico que el bando sublevado y el SNT querían difundir era el de un Gobierno militar creedor en la futura victoria, heroico y patriótico que enmienda todo lo destruido por el bando republicano (Correyero y Cal, 2008: 250). Además, el SNT perseguía presentar al norte peninsular como un destino tranquilo, en el que ya había acabado la guerra y la vida volvía a la normalidad gracias al buen hacer del nuevo Gobierno. Las ilustraciones fueron el testimonio perfecto para dar fe de ello. El propio folleto relata:

> Las fotografías que ilustran esta hoja corresponden a lugares incluidos en la Ruta n°.1, y a escenas o aspectos de la Guerra en el Norte, que acabó en octubre de 1937. Figuran entre ellas las que reproducen algunos de los centenares de puentes destruidos por los rojos e inmediatamente reconstruidos por las tropas del bando sublevado (*El itinerario "F" de la Ruta de Guerra del Norte-TO*, pág. 18).

El folleto turístico *El itinerario "F" de la Ruta de Guerra del Norte-TO* forma parte del género *folletos turísticos*, en el que predomina la función persuasiva. En el apartado dedicado al análisis microtextual, estudiamos esta cuestión junto con el grado de implicación del lector desde el punto de vista lingüístico.

Siguiendo las propuestas de clasificación de los géneros discursivos en la lengua del turismo de Suau (2012: 125) y Dann (1996: 135-170), se trata de un género de comunicación turística entre profesionales y usuarios que se realiza de manera indirecta mediante interacciones escritas. Los géneros típicamente más promocionales se incluyen dentro de la etapa *pre-trip* (Dann, 1996: 135-170). Creemos que, en este caso concreto, era necesario que el turista se informara sobre lo que iba a visitar con anterioridad y conociera las condiciones del viaje (precio, duración, alojamiento, transporte, etc.), al tratarse de un destino que se encontraba en una situación atípica. Por otro lado, no descartamos que el turista pudiera llevar consigo el folleto y consultarlo *on-trip* cuando fuera necesario, debido al formato desplegable y a los datos prácticos que contiene, como el mapa de la ruta en cuestión.

Tomando como referencia la clasificación que propone Calvi (2010), este ejemplar se genera efectivamente dentro de la práctica social "descripción y promoción del destino turístico". En un primer nivel, pertenece a la *familia de géneros institucionales* creados en organismos oficiales con el fin de afianzar o posicionar la imagen de un destino turístico.

Siguiendo a Calvi (2010: 23-24), y desde la perspectiva actual, este ejemplar comparte las características del *macrogénero folleto*, ya que se trata de una publicación de carácter portátil y de distribución gratuita, que tiene forma de desplegable y que combina partes descriptivas con otras secciones prácticas y elementos gráficos, como las ilustraciones y el mapa. Además, es un producto perfectamente tangible y fácil de identificar por el emisor, el canal utilizado y su propósito dominante: se pretende causar una reacción en el receptor con el fin último de que visite el destino turístico. Desde el punto de vista lingüístico, comparte las características de los folletos turísticos –estilo promocional y función persuasiva predominante–, tal y como los comprendemos en la actualidad. Dentro del carácter promocional de los folletos, destaca el uso de combinaciones de sustantivos y adjetivos, con valor ponderativo (Calvi, 2006), premisa que hemos comprobado que sí se cumple en este caso.

En cuanto a la versión traducida al alemán de este ejemplar, tal y como mostramos en las ilustraciones 3, 4, 11 y 12, *El itinerario "F" de la Ruta de Guerra del Norte-TO* y su traducción son iguales visualmente, es decir, contienen los mismos elementos gráficos. No existen diferencias estructurales entre el TO y el TM. Además, el contenido entre ambos ejemplares es el mismo.

Finalmente, este estudio descriptivo del género *folleto turístico* y su traducción nos ofrece datos suficientes para afirmar que los traductores encargados de la traducción al alemán poseían, en el nivel macrotextual, la *competencia de género* a la que se refieren Ezpeleta y Gamero

(2004: 2). A continuación, comprobaremos si esto también es así en el nivel microtextual.

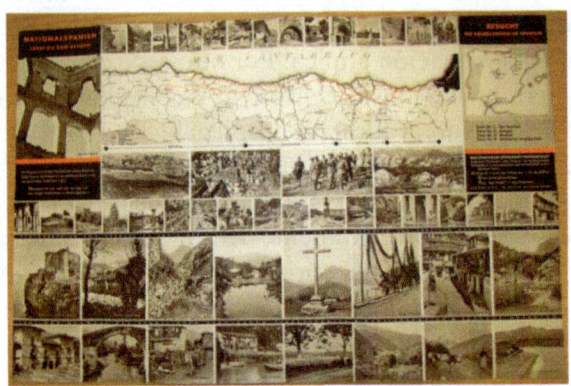

Ilustración 11. Cara A de *El itinerario "F" de la Ruta
de Guerra del Norte-TM*

Ilustración 12. Cara B de *El itinerario "F" de la Ruta
de Guerra del Norte-TM*

4.3 ANÁLISIS MICROTEXTUAL

En los siguientes apartados, presentamos los resultados obtenidos del análisis microtextual del folleto turístico *El itinerario "F" de la Ruta de Guerra del Norte-TO* y de su traducción al alemán, pero, antes de continuar, creemos conveniente destacar las siguientes cuestiones. Las decisiones que toma el *autor* del TO, persona física, son observables en *la voz autorial original*, mientras que las decisiones que toma el *traductor*, también persona física, son observables en *la voz autorial traducida*. Además, nos gustaría puntualizar que cuando empleamos los términos *autor* y *traductor*, estamos teniendo en cuenta al resto de los agentes que influyen en las decisiones del *autor* y del *traductor*, como personas físicas, y que, por tanto, están implicados en el proceso de redacción y traducción.

4.3.1 Expresión de la valoración

La voz autorial se caracteriza por utilizar expresiones directas de juicio que pertenecen tanto a las subcategorías de la estima social (+normalidad y +capacidad) como de la sanción social (+integridad moral), que recogemos en la tabla 9. Las más representativas hacen referencia a la pericia de los guías de las rutas (realizaciones 2 y 3), a los que nombra empleando la mayúscula, al tipo de turistas que las visita (realizaciones 1 y 5) y a la ética y honradez de Francia al mostrar con *legítimo orgullo* los paisajes que en el pasado fueron campos de batalla (realización 6).

Tabla 9. Las realizaciones de la expresión directa del juicio
en *El itinerario "F" de la Ruta de Guerra del Norte-TO*

Estima social
+ normalidad
1.   la mera curiosidad del turista (15)
+ capacidad
2.   Guías competentes (11) 3.   Guías competentes (15) 4.   la civilización ha extremado sus recursos y sus conquistas (20)
Sanción social
+ integridad moral
5.   Los campos de batalla son, tradicionalmente, lugares de peregrinación piadosa (15) 6.   [Francia exhibe] con legítimo orgullo (15)

Asimismo, el autor del TO valora de forma indirecta la institución turística del bando sublevado (Servicio Nacional del Turismo), que es la promotora de este folleto turístico, así como al Gobierno en el bando sublevado, a las tropas *nacionales*[8], al Gobierno de la República, a los republicanos y a los ciudadanos de lugares donde tuvo lugar la Guerra del Norte (véase tabla 10).

Además, cuando el autor valora de manera positiva aspectos o servicios de las rutas, está valorando indirectamente también la habilidad del Servicio Nacional del Turismo, como la institución turística que organiza las rutas y es responsable de su buen funcionamiento. Se trata de expresiones de actitud que combinan las subcategorías de la apreciación directa>+composición y la del juicio indirecto>+capacidad (realizaciones 1-3 de la tabla 10).

En la página 21 del folleto, destaca la prosodia del párrafo sobre Asturias, en el que se han identificado tres expresiones indirectas de juicio (+tenacidad) que tienen que ver con la valentía de los asturianos y la heroicidad de los soldados y de las tropas *nacionales* (realizaciones 9-11 de la tabla 10). La realización 9 sería una personificación y una expresión directa de apreciación (véase realización 13 de la tabla 12) que el autor del TO emplea para describir tanto el paisaje de Asturias como la fortaleza de los habitantes de Asturias.

El autor del TO valora de manera positiva y negativa la habilidad de los dos bandos enfrentados en la guerra civil española. De hecho, este tipo de valoraciones aparecen frecuentemente combinadas y contienen asociaciones ideológicas como *las tropas nacionales* o *los rojos,* que explicamos más adelante.

Llama la atención el uso que hace el autor de la graduación en estas combinaciones (realizaciones 7/5 y 4/6 de la tabla 10). Concretamente, cuantifica la fuerza cuando valora de forma negativa el gran número de puentes *destruidos* por los rojos (realización 7) y cuando valora de manera positiva la rapidez de las tropas *nacionales* en reconstruirlos (realización 5). Este patrón se repite en las realizaciones 4 (positiva sobre el *Gobierno Nacional*) y 6 (negativa sobre *la República*). Con ello, el autor está valorando la habilidad de un bando (bando sublevado) y la ausencia de

---

[8] El adjetivo *nacional* se indica en cursiva, tal y como aparece en el texto original. Para más información al respecto, remitimos al apartado dedicado a las asociaciones.

habilidad del otro (bando republicano). Nos detendremos en este aspecto tan interesante cuando tratemos la expresión del compromiso.

Tabla 10. Las realizaciones de la expresión indirecta del juicio
en *El itinerario "F" de la Ruta de Guerra del Norte-TO*

Estima social
+ capacidad
1. EL SERVICIO NACIONAL DEL TURISMO organiza excursiones que, acompañadas por Guías competentes, se harán en autocars de lujo y hospedándose en hoteles de 1º. clase. (11)
2. Temporalmente, el recorrido de las rutas habrá de hacerse mediante las excursiones colectivas, acompañadas por Guías competentes, organizadas por el SERVICIO NACIONAL DEL TURISMO (del Ministerio del Interior español). (15)
3. Autocars del modelo más reciente, y de perfecto confort, adquiridos exprofeso para estas excursiones, conducirán a través de cada Ruta a los turistas, tomandolos en la frontera de Irun y volviendo a dejarlos en la misma frontera. El alojamiento se hará en hoteles de primer orden provistos de las refinadas exigencias del confort moderno. (16)
4. El Gobierno Nacional ha establecido la hora de verano (…) y que pone los relojes nacionales al unísono con los demás de Europa (16)
5. **inmediatamente**[9] reconstruidos por las tropas nacionales (18)
- capacidad
6. (que la República había suprimido) (16)
7. **algunos de los centenares** de puentes destruidos por los rojos (18)
+ tenacidad
8. una epopeya inverosímil (1)
9. [Asturias] su paisaje bravío [los asturianos] (21)
10. las escenas de epopeya [de los soldados] (21)
11. heroísmo [de las tropas nacionales] (21)

En cuanto a la traducción de la expresión del juicio, el traductor realiza algunas modificaciones interesantes en la expresión directa de juicio, como presentamos en la tabla 11, y mantiene todas las expresiones indirectas

[9] En adelante, los elementos valorativos que implican graduación se indican resaltados en **negrita**.

de juicio, a excepción de una que se omite al eliminar por completo el sintagma que la contenía (realización 11 de la tabla 10).

En cuanto a la traducción de la expresión directa del juicio, identificamos una variación interesante en los ejemplos 1 y 2 de la tabla 11: *[g]uías competentes* se traduce por *von landeskundigen Dolmetschern*, que en español equivaldría a *intérpretes con conocimiento local*. Por tanto, el traductor ha utilizado la técnica de la particularización, según Molina y Hurtado (2002: 500). Esto no implica ningún cambio de categoría o subcategoría, puesto que entendemos que los *[g]uías*, si son *competentes*, deben tener *conocimiento local*. Sin embargo, lo que el autor del TO designa como *[g]uía*, el traductor lo hace como *intérprete*, que son profesiones diferentes, aunque por nuestra investigación contextual, sabemos que en la España de entonces los guías también eran llamados guías-intérpretes[10].

Además, el traductor realiza dos modificaciones significativas. En el ejemplo 3, omite el adjetivo valorativo *(peregrinación) piadosa*, que se compensa más adelante con el sintagma preposicional *zum frommen Gedenken*. En el ejemplo 4, omite el adjetivo *legítimo*, adjetivo que esconde un claro mensaje ideológico, ya que afecta a uno de los fines de este folleto: justificar las Rutas de Guerra como producto turístico y legitimar, con ello, el golpe de Estado del bando sublevado al Gobierno legítimo de la República. Como señalamos en el análisis de la expresión de la valoración en el TO, para lograr este fin, el autor del TO tomaba como ejemplo a Francia, que también muestra con orgullo sus campos de batalla.

Por último, otra variación, que también afecta a la graduación del juicio indirecto, es la intensificación del número de puentes destruidos por *los rojos* en el ejemplo 5. El traductor opta por aclarar, entre paréntesis, el número de puentes y traduce **algunos de los centenares** de puentes destruidos por los rojos por **einige**, *die die von den Roten zerstörten Brücken* **(mehrere hundert)** *zeigen*, que equivaldría en español a *algunos de los puentes destruidos por los rojos (varios centenares)*, que forma parte, a su vez, de una *contradicción-concesión*.

---

[10] Véanse las convocatorias de concursos para cubrir plazas de guías-intérpretes-auxiliares publicadas en el *Boletín Oficial del Estado*, el 20 de mayo de 1938 y el 16 de noviembre de 1938.

Tabla 11. Variaciones en la traducción de la expresión directa del juicio en *El itinerario "F" de la Ruta de Guerra del Norte-TO*: ejemplos significativos

N.º	TO	TM
1	Guías competentes (11)	von landeskundigen <u>Dolmetschern</u>[11] (11)
2	Guías competentes (15)	von landeskundigen <u>Dolmetschern</u> (15)
3	Los campos de batalla son, tradicionalmente, lugares de peregrinación piadosa, donde la mera curiosidad del turista se eleva, y se muda en el homenaje que reclaman las grandes hazañas y los magníficos ejemplos. (15)	Die Schlachtfelder sind gewöhnlich Wallfahrtsstätten [*][12], an denen sich die schlichte Neugierde des Reisenden erhebt und verwandelt <u>zum frommen</u> Gedenken der großen Heldentaten und herrlichen Beispiele, die hier geschahen. (15)
4	Así en las cotas, las trincheras, los paisajes del Somme o de Verdun que Francia conserva y todavía exhibe con legítimo orgullo. (15)	So angesichts der Höhenzüge, Schützengräben und Felder an der Somme und bei Verdun, die Frankreich unverändert erhält und dies es heute mit [*][13] Stolz besichtigen läßt. (15)
5	Figuran entre ellas las que reproducen **algunos de los centenares** de puentes destruidos por los rojos e **inmediatamente** reconstruidos por las tropas nacionales. (18)	Unter ihnen sind **einige**, die die von den Roten zerstörten Brücken (**mehrere** hundert) zeigen, welche aber **sofort** von den nationalen Truppen repariert wurden. (18)

La mayor parte de la carga actitudinal en *El itinerario "F" de la Ruta de Guerra del Norte-TO* pertenece a la categoría de la apreciación (34 casos): +reacción (3 casos), +composición (16 casos) y +valor social (15 casos) (véase tabla 12). No se ha identificado ningún caso de apreciación de signo negativo.

Las expresiones de apreciación hacen referencia principalmente a las características naturales y riquezas de la Ruta del Norte, siendo el norte de España también escenario de la guerra civil española.

[11] Las variaciones en el TM se indican subrayadas.
[12] Omisión.
[13] Omisión.

Tabla 12. Las realizaciones de la expresión directa de la apreciación
en *El itinerario "F" de la Ruta de Guerra del Norte-TO*

+ reacción

1. Su clima suave (20)
2. su **más** saliente personalidad en la belleza (…) de su paisaje maravilloso (21)
3. las yedras y musgos románticos de sus fachadas sombrías (21)

+ composición

4. autocars de lujo (11)
5. hoteles de 1°. Clase (11)
6. las huellas, **aún ardientes** (1)
7. hoteles de primer orden (16)
8. [hoteles] provistos de las refinadas exigencias del confort moderno (16)
9. **Todo** el Norte de España es un vergel (19)
10. [un terreno que] desparrama sus encantos, en incesante variedad (19)
11. (Santander es la) Naturaleza ópima (20)
12. un dulce tapiz de césped siempre recién nacido (20)
13. [Asturias] su paisaje bravío (21)
14. larga corniche admirable (21)
15. montes abruptos (21)
16. finos celajes de plata de los atardeceres norteños (21)
17. Santander, otra playa elegante (22)
18. donde los deportes (…) tienen un marco sin par (22)
19. las playas llenas de atractivos (22)

+ valor social

20. el homenaje (que reclaman las grandes hazañas y los magníficos ejemplos) (15)
21. [los campos de batalla han sido] elemento esencial en los combates (15)
22. Autocars **del** modelo **más** reciente (16)
23. [Autocars] de perfecto confort (16)
24. **los** aspectos **más** salientes del itinerario (18)
25. Cada región, cada provincia − Guipúzcoa, Vizcaya, Santander, Asturias −, tiene características peculiares (20)
26. riqueza ganadera (20)
27. hallazgos sorprendentes (21)
28. **mil** pueblos que son **otras tantas** notas pintorescas (21)
29. puntos salientes con personalidad individual (21)
30. [Bilbao] **la** ciudad **más** rica del mundo (22)
31. [Oviedo] con puesto propio entre los lugares sagrados de la guerra gloriosa por la salvación de España. (22)
32. los pueblos, **tan** personales (22)
33. Altamira, con sus cuevas prehistóricas − **las más** notables pinturas rupestres del mundo − (22)
34. Covadonga, el famoso valle (22)

La voz autorial se caracteriza por presentar las actitudes de forma graduada, principalmente, mediante fuerza intensificada por repetición de elementos (véase tabla 13), aunque existen algunos casos de fuerza intensificada mediante superlativos y varios ejemplos de fuerza cuantificada mediante lexemas aislados que refuerzan, de manera muy llamativa, las expresiones indirectas de juicio en sintagmas polarizados.

La voz autorial emplea un total de diez sintagmas intensificados por repetición de elementos: ocho sintagmas con valoraciones de tipo homogéneo y dos de tipo mixto. Todos los elementos están unidos por la conjunción coordinante copulativa *y*. Según su categoría actitudinal, la mayor parte de los significados intensificados mediante esta técnica de repetición pertenecen a la categoría de la apreciación.

La realización 8, que es también una asociación, contiene un doblete que es una personificación, ya que el autor del TO dota a la ciudad de adjetivos para describir el heroísmo colectivo que demostraron los ciudadanos de Oviedo al principio de la guerra civil española (expresión directa de juicio directo>+tenacidad).

Tabla 13. La expresión de la graduación en *El itinerario "F" de la Ruta de Guerra del Norte-TO*: fuerza intensificada por repetición de elementos

		Elemento 1	Elemento 2	Tipo de valoración
	Dobletes con la conjunción coordinante copulativa y			
1.	las grandes hazañas y los magníficos ejemplos (15)	+ ten (juicio)	+ ten (juicio)	homogénea
2.	Un terreno movido y montañoso (19)	+ com (apreciación)	+ com (apreciación)	homogénea
3.	**infinitos** matices de verde son recreo para la vista y reposo para el espíritu (19)	+ reac (apreciación)	+ reac (apreciación)	homogénea
4.	esta general y común belleza (20)	+ reac (apreciación)	+ reac (apreciación)	homogénea
5.	sus riquezas mineras e industriales (20)	+ val (apreciación)	+ val (apreciación)	homogénea
6.	minas broncas, y prados amenos (21)	+ com (apreciación)	+ reac (apreciación)	mixta
7.	San Sebastian, playa cosmopolita y refinada (22)	+ val (apreciación)	+ com (apreciación)	mixta

Tabla 13. La expresión de la graduación en *El itinerario "F" de la Ruta de Guerra del Norte-TO*: fuerza intensificada por repetición de elementos (continuación)

	Elemento 1	Elemento 2	Tipo de valoración
Dobletes con la conjunción coordinante copulativa y			
8. Oviedo (…) la ciudad invicta y heroica (22)	+ ten (juicio)	+ ten (juicio)	homogénea
9. Covadonga, el famoso valle de especial y vibrante significación en la Historia de España (22)	+ val (apreciación)	+ val (apreciación)	homogénea
10. Santillana del Mar, relicario y muestra eminente de las riquezas del Arte románico que el Norte español acumula (22)	+ val (apreciación)	+ val (apreciación)	homogénea

La guerra civil española enfrentó a dos bandos de ideologías muy diferentes. El autor del folleto *El itinerario "F" de la Ruta de Guerra del Norte-TO* utiliza distintas asociaciones que hacen referencia a los escenarios de la guerra y un tipo de asociaciones que presentamos al final de este apartado. Para comprender el sistema de valores y, en última instancia, la ideología que subyace al texto del folleto, resulta de gran importancia identificar y entender las asociaciones correctamente. A continuación, revisamos las asociaciones identificadas:

- *el Cinturón de hierro* (pág. 1): el Cinturón de Hierro hace referencia a un sistema de fortificación, construido por orden del Gobierno vasco (1936-1937) durante la guerra civil española, para defender Bilbao y otros municipios cercanos del ejército sublevado. Este sistema de defensa tenía forma de herradura y se componía de una red de trincheras, nidos de ametralladoras, alambradas y elementos defensivos entre montes. Su diseño respondía a la estrategia de defensa estática, procedente de los altos mandos franceses en la Primera Guerra Mundial. Su creación alimentó el sueño de mantener la zona en manos del legítimo Gobierno republicano, pero acabó cuando el capitán Alejandro Goicoechea, ingeniero encargado de la construcción, entregó a los sublevados detalles sobre los puntos débiles. En el momento de publicación del folleto turístico, el hecho de que las tropas sublevadas consiguieran cruzar el Cinturón de Hierro era toda una hazaña militar digna de elogio, ya que entonces estaba considerado como la gran obra defensiva del Gobierno republicano. *A posteriori*, la eficacia del Cinturón de Hierro también ha sido criticada. De hecho, ha sido considerado uno de los fracasos de la estrategia militar de la República.

- *[a]sí en las Termópilas, en Rocroy o en Waterloo. Así en las cotas, las trincheras, los paisajes del Somme o de Verdun que Francia conserva y todavía exhibe con legítimo orgullo* (pág. 15): al emplear esta asociación, el autor del TO equipara los campos de batalla de la guerra civil española con contiendas importantes de la historia (Termópilas, Rocroy, Waterloo, Somme y Verdún). Con ello, persigue justificar las rutas como elemento de propaganda turístico-ideológica y legitimar, a su vez, el golpe de Estado del bando sublevado al Gobierno legítimo de la República. Para lograrlo, selecciona, intencionadamente, dos de las batallas más sangrientas y largas de la Primera Guerra Mundial. Estos dos campos de batalla son un orgullo para Francia, a pesar de su alto precio en vidas humanas y suponer dos derrotas para los franceses;
- *Asturias ("Suiza española") tiene, como Vizcaya, minas broncas, y prados amenos, como Santander* (pág. 21): el autor del TO aseme-ja el paisaje verde asturiano con el de Suiza. Esta asociación podría estar relacionada con que la Suiza de entonces era un país avanzado o, al menos, más avanzado que España. También podría estar relacionada con la fascinación que ejercen, en general, las altas montañas;
- *Oviedo, que hoy es, antes que todo y después que todo, la ciudad invicta y heroica, con puesto propio entre los lugares sagrados de la guerra gloriosa por la salvación de España* (pág. 22): esta asociación acompaña a una heteroglosia, a diferentes valoraciones de actitud (apreciación, doblete, personificación) y a otra asocia-ción que esconde una misiva ideológica muy significativa, que explicamos más abajo. El autor del TO escoge Oviedo de manera intencional por su relevancia histórica para el bando sublevado. Tras el golpe de Estado de julio de 1936, tuvieron lugar numerosas sublevaciones militares en toda la península. Una de ellas tuvo lugar en la ciudad de Oviedo, que se unió a las fuerzas sublevadas por orden del coronel Antonio Aranda. Desde entonces, Oviedo quedó

sitiada por las milicias mineras u obreras fieles a la República. Estas bombardearon duramente la ciudad. A pesar de ello, Oviedo resistió durante varios meses hasta que las fuerzas sublevadas, procedentes de Galicia, lograron levantar el sitio. De hecho, por su sacrificio y heroica resistencia, el 25 de marzo de 1938, desde Burgos, que era la sede del Gobierno de la *España Nacional*, el jefe del Estado, Francisco Franco, por vía del Ministerio del Interior, expide el siguiente decreto:

> DISPONGO
>
> Artículo único. Se conceden a la ciudad de Oviedo los títulos de "invicta" y "heroica", que podrá ostentar en su escudo y añadir a sus lemas heráldicos.
>
> Dado en Burgos a veinticinco de marzo de mil novecientos treinta y ocho.—II Año triunfal.
>
> FRANCISCO FRANCO
>
> El Ministro de Interior, Ramón Serrano Suñer.
>
> (Boletín Oficial del Estado, 29 de marzo de 1938)

Francisco Franco concede a la ciudad estos títulos, que figuran actualmente en su escudo, y que el autor del TO hace suyos e incluye en forma de doblete en el folleto;

- *como Covadonga, el famoso valle de especial y vibrante significación en la Historia de España* (pág. 22): la batalla de Covadonga tuvo lugar en el año 722 en Covadonga (Asturias, España), entre el ejército astur de don Pelayo y tropas de al-Ándalus, que resultaron derrotadas. Incluir esta asociación no es algo aleatorio, ya que esta acción bélica se considera el inicio de la Reconquista. El autor del TO equipara las acciones del bando sublevado con las de los ejércitos cristianos de aquel entonces, que reconquistaron la península y expulsaron a los musulmanes de ella.

Junto con estas asociaciones sobre los escenarios de la guerra, uno de los rasgos más significativos de la voz autorial en este folleto es el uso que hace de asociaciones con una finalidad propagandística muy definida. Estas asociaciones se aglutinan, además, en torno a las combinaciones de signo positivo y negativo, anteriormente mencionadas, que incluyen expresiones indirectas del juicio. En el plano lingüístico, están formadas por combinaciones de adjetivo y sustantivo o adjetivos sustantivados. Por todo ello, las denominamos "asociaciones propagandísticas" (véase tabla 14).

Tabla 14. Las asociaciones propagandísticas
en *El itinerario "F" de la Ruta de Guerra del Norte-TO*

N.º	Realizaciones
1	SERVICIO NACIONAL DEL TURISMO (11)
2	SERVICIO NACIONAL DEL TURISMO (15)
3	ESPAÑA NACIONAL (1)
4	El Gobierno Nacional (16)
5	los relojes nacionales (16)
6	los rojos (18)
7	las tropas nacionales (18)
8	la guerra gloriosa por la salvación de España (22)

La primera asociación propagandística identificada tiene que ver con el adjetivo *nacional*. Esta asociación codifica el sistema de valores (y la ideología) del bando sublevado, que lo empleó para justificar las rutas como elemento de propaganda turístico-ideológica y legitimar, a su vez, el golpe de Estado del bando sublevado al Gobierno legítimo de la República (realizaciones 1, 2, 3, 4, 5 y 7 de la tabla 14). Se trata de un término propagandístico que ha permanecido en este discurso hasta la actualidad y está muy extendido en este ámbito; no obstante, es una apropiación indebida y su uso es incorrecto, ya que el Gobierno nacional propiamente dicho (antes del golpe de Estado) era el Gobierno republicano. Además, emplear este adjetivo es excluyente, puesto que no engloba a toda la nación, sino a una parte de ella. Como muestra el folleto, los sublevados lo emplearon para referirse a su bando y el propio organismo turístico adquirió esa denominación: Servicio *Nacional* del Turismo (realización 1).

La segunda asociación propagandística la forma el adjetivo *rojo/a* –a veces también adjetivo sustantivado: *los rojos*–, que, en política, se utiliza para simbolizar los movimientos e ideologías revolucionarios o izquierdistas (realización 6). Aunque durante la guerra civil española fue empleado para referirse al bando republicano, también es un uso del lenguaje que ha permanecido hasta la actualidad.

Por último, el adjetivo *glorioso/a* proviene de *Glorioso Alzamiento Nacional* (realización 8). Es el nombre con el que los sublevados y, posteriormente, el Gobierno franquista denominó el golpe de Estado contra el Gobierno de la Segunda República española, que se produjo entre el 17 y el 18 de julio de 1936 y cuyo fracaso parcial condujo a la guerra civil española. El Alzamiento del 18 de julio estaba considerado como el momento fundacional del régimen y el inicio del Movimiento Nacional. Los sublevados consideraban el Alzamiento la salvación de la *verdadera España* de la *Antiespaña*, encarnada en la República, los separatismos y los movimientos obreros.

El traductor opta por el calco[14] como técnica de traducción de la mayor parte de las asociaciones en general, tal y como se recoge en la tabla 15.

Algo diferente sucede con la traducción del nombre de la institución turística, Servicio Nacional del Turismo, que es, a su vez, una asocia-ción propagandística cuyo simbolismo hemos explicado anteriormente. En uno de los casos, el traductor utiliza la técnica del calco al traducir *Servicio Nacional del Turismo* por *Nationalen Touristendienst* seguido de la versión española entre paréntesis (realización 2). En otro, opta por *DAS STAATLICHE SPANISCHE VERKEHRSAMT* (realización 1), dando a entender que es la única institución turística estatal en aquel momento en España. Como sabemos por nuestra investigación contextual, en el bando republicano existía otra institución turística: el Patronato Nacional del Turismo (1928-1939). Utilizar el adjetivo *staatlich* [*estatal*] forma parte de la tendencia a legitimar el golpe de Estado del bando sublevado contra la República española. Otra prueba de ello es la traducción al alemán de la realización 4: *Gobierno Nacional* por *Nationalspanien* [*España Nacional*].

---

[14] Hurtado (2001) emplea el término *equivalente acuñado*.

Tabla 15. La traducción de las asociaciones propagandísticas
en *El itinerario "F" de la Ruta de Guerra del Norte-TO*

N.º	TO	TM
1	SERVICIO NACIONAL DEL TURISMO (11)	DAS STAATLICHE SPANISCHE VERKEHRSAMT (11)
2	SERVICIO NACIONAL DEL TURISMO (15)	Nationalen Touristendienst (Servicio Nacional del Turismo) (16)
3	ESPAÑA NACIONAL (1)	NATIONALSPANIEN (1)
4	El Gobierno Nacional (16)	Nationalspanien (17)
5	los relojes nacionales (16)	die nationale Uhrzeit (17)
6	los rojos (18)	(von) den Roten (18)
7	las tropas nacionales (18)	(von) den nationalen Truppen (18)
8	la guerra gloriosa por la salvación de España (22)	des glorreichen Krieges zur Rettung Spaniens (21)

El folleto *El itinerario "F" de la Ruta de Guerra del Norte-TO* consta de 45 oraciones. De este total, solo 8 son heteroglósicas, por lo que la voz autorial tiene principalmente carácter monoglósico, como presentamos en la tabla 17. Dos oraciones contienen varias heteroglosias cada una (heteroglosias 2/7 y 8/11).

Analizando con más detalle las heteroglosias, el autor del TO cierra el espacio dialogístico en nueve casos (*negación, contradicción, contradicción-concesión, afirmación* y *pronunciamiento*) y lo abre, tan solo, en un caso (*distancia*). Es decir, en este folleto el espacio dialogístico es muy reducido, el autor no da opción al diálogo y todas las heteroglosias (menos una) son contractivas, por lo que establece solidaridad con el lector, de quien espera que comparta sus mismos valores y no se oponga a su visión de la realidad (*lectores complacientes*). Sin embargo, en nuestra opinión, el autor sí anticipa una posible posición diferente del lector (*lectores resistentes*).

Las dos *concesiones-contradicciones* identificadas (heteroglosias 5 y 6 en la tabla 16) son dos movimientos retóricos vinculados. En estos casos, el autor utiliza las concesiones para afirmar de manera más severa la posición y para que no quede lugar a ninguna duda; el autor señala la habilidad del *Gobierno Nacional* (valoración positiva: juicio>+capacidad) frente a la ausencia habilidad de la *República/los rojos* (valoración negativa: juicio>-capacidad). Anteriormente, hemos estudiado estos sintagmas polarizados en relación con los sistemas de la actitud y de la graduación, ya que contienen expresiones indirectas de juicio graduadas sobre ambos bandos y asociaciones propagandísticas.

En la heteroglosia 5, las dos *concesiones* rodean a la *contradicción* (referencia negativa) que aparece entre paréntesis a modo aclaratorio. En la heteroglosia 6, la *contradicción* precede a la *concesión*: es como si el autor diera un paso atrás (valor negativo) para tomar impulso y volver con más fuerza para subrayar su punto de vista de modo más claro (valor positivo). En esta última combinación es importante resaltar el uso de la graduación que refuerza mucho más la expresión indirecta del juicio y las heteroglosias.

Tabla 16. *Concesiones-contradicciones* en *El itinerario "F" de la Ruta de Guerra del Norte-TO*

+ *concesión* (juicio indirecto>+capacidad)	- *contradicción* (juicio indirecto>-capacidad)	+ *concesión* (juicio indirecto>+capacidad)
5. El Gobierno Nacional ha establecido la hora de verano	(que la República había suprimido)	y que pone los relojes nacionales al unísono con los demás de Europa. (16)
- *contradicción* (juicio indirecto>-capacidad)		+ *concesión* (juicio indirecto>+capacidad)
6. Figuran entre ellas las que reproducen **algunos de los centenares** de puentes destruidos por los rojos		e **inmediatamente** reconstruidos por las tropas nacionales. (18)

En cuanto a las *contradicciones*, en la heteroglosia 3 (véase tabla 17) el autor del TO incluye el cambio a las siguientes divisas: libras esterlinas (GB), liras (italiana), marcos (alemanes), francos (Francia), dólares (EE. UU.), florines (holandeses) o francos suizos, lo cual puede resultar, tal vez, excluyente para otros países. Podría tratarse de una forma de expresar que solo esos países son bienvenidos. Además, el autor del TO presenta la oferta como relativamente barata: *toda clase de gastos* [están comprendidos en el precio], *incluso* [propinas]. En relación con nuestras investigaciones desarrolladas en el AGA, la inclusión de estas divisas (sobre todo la francesa) corrobora que, efectivamente, este folleto promocionaba el itinerario "F" de la Ruta de Guerra del Norte.

En una ocasión el autor del TO se pronuncia (heteroglosia 10) resaltando información de interés para el lector.

Además, usa otras voces para presentar su posición. En las heteroglosias 2/7, se apropia de otras voces (quizás exageradas) que niegan y afirman, apoyándose en fuentes no claramente identificadas (*eco*), para respaldar su posición. En la heteroglosia (8/)11, el autor del TO se distancia de forma explícita del material atribuido y se apoya en voces populares para presentar una posición, que sabemos que comparte con las voces populares.

La traducción del folleto turístico consta de 45 oraciones, igual que el texto origen. En el plano del compromiso, no existen grandes diferencias y se mantiene el carácter predominantemente monoglósico de la voz autorial original.

Si analizamos con más detalle la traducción de las heteroglosias, resulta significativo que el traductor añade una *contradicción* más a la oración que, ya originalmente, contenía dos heteroglosias (ejemplo 1 de la tabla 18). Además, intensifica uno de los verbos presentes en la heteroglosia y traduce *ha recorrido* por *erschütterte*, que en español equivaldría a *conmovió* o *sacudió*, lo que implica una mayor inversión del traductor en la posición valorada. Asimismo, añade un elemento graduador, concretamente un maximizador (*die ganze Welt*). Esto demuestra que la guerra civil española estaba teniendo mayor repercusión negativa desde la perspectiva extranjera.

Otra variación, que también afecta al compromiso, es la intensificación del número de puentes destruidos por el bando republicano en la *contradicción-concesión* (ejemplo 2 de la tabla 18). El traductor opta por aclarar el número de puentes destruidos por *los rojos* entre paréntesis.

Además, en el ejemplo 3 de la tabla 18, mientras que el autor del TO incluye el cambio a las divisas cuando se refiere al precio de la excursión y aclara que las propinas van incluidas en este, el traductor omite la heteroglosia y no aclara este punto. Una posible interpretación de esta decisión es que, quizás, era innecesario.

Tabla 17. La expresión del compromiso en *El itinerario "F"*
de la Ruta de Guerra del Norte-TO[15]

mon.			1. Cada región, cada provincia – Guipúzcoa, Vizcaya, Santander, Asturias –, tiene características peculiares dentro de esta general y común belleza. (20)	
heteroglosia	contracción	rechazo	*negación* 2. La España Nacional realiza, por primera vez, la iniciativa de haber organizado, en plena guerra, la visita a los campos de batalla que no[16] han sido sólo marco, sino elemento esencial en los combates cuyo eco ha recorrido el mundo. (15)	
			contradicción 3. El precio de la excursión, en el cual están comprendidos transporte, alojamiento, comidas – salvo extras –, y toda clase de gastos, incluso propinas, es de £ 8.-0.-0 (ocho libras esterlinas) o su equivalencia al cambio del día en Liras, Marcos, Francos, Dólares, Florines o Francos Suizos. (18) 4. Pero no faltan en el itinerario puntos salientes con personalidad individual. (21)	*contradicción-concesión* 5. El Gobierno Nacional ha establecido la hora de verano (que la República había suprimido) y que pone los relojes nacionales al unísono con los demás de Europa. (16) 6. Figuran entre ellas los que reproducen algunos de los centenares de puentes destruidos por los rojos e inmediatamente reconstruidos por las tropas nacionales. (18)
		declaración	*afirmación* 7. La España Nacional realiza, por primera vez, la iniciativa de haber organizado, en plena guerra, la visita a los campos de batalla que no han sido sólo marco, sino elemento esencial en los combates cuyo eco ha recorrido el mundo. (15) 8. Ante todo las cuatro capitales. San Sebastian, playa cosmopolita y refinada; Bilbao, la que se ha llamado la ciudad más rica del mundo; (22) 9. Oviedo, que hoy es, antes que todo y después que todo, la ciudad invicta y heroica, con puesto propio entre los lugares sagrados de la guerra gloriosa por la salvación de España. (22)	
			pronunciamiento 10. Y los pueblos, tan personales como Motrico, Ondarroa, Lequetio, Bermeo, y los demás dignos de señalarse como Torrelavega, Cangas de Onis, Colunga, Infiesto, Pravia o Villaviciosa. (22)	
	expansión	atribución	*distancia* 11. Ante todo las cuatro capitales. San Sebastian, playa cosmopolita y refinada; Bilbao, la que se ha llamado la ciudad más rica del mundo; (22)	

[15] Elaboración propia a partir de Martin y White (2005), Kaplan (2004) y Guerra y Herrera (2017).
[16] En adelante, los elementos heteroglósicos se indican sombreados en color gris.

Tabla 18. Variaciones en la traducción de la expresión del compromiso
en *El itinerario "F" de la Ruta de Guerra del Norte-TO*:
ejemplos significativos

N.º	TO	TM
1	La España Nacional realiza, por primera vez, la iniciativa de haber organizado, en plena guerra, la visita a los campos de batalla que no han sido sólo marco, sino elemento esencial en los combates cuyo eco ha recorrido el mundo. (15)	Obwohl[17] Nationalspanien sich noch mitten im Kriege befindet, hat es die Initiative ergriffen, den Besuch der Schlachtfelder zu gestalten, welche nicht nur, der äußere Schauplatz, sondern, ein wesentliches Element der Kämpfe sind, deren Widerhall die **ganze** Welt erschütterte. (15)
2	Figuran entre ellas las que reproducen **algunos de los centenares** de puentes destruidos por los rojos e **inmediatamente** reconstruidos por las tropas nacionales. (18)	Unter ihnen sind **einige**, die die von den Roten zerstörten Brücken (**mehrere hundert**) zeigen, welche aber **sofort** von den nationalen Truppen repariert wurden. (18)
3	El precio de la excursión, en el cual están comprendidos transporte, alojamiento, comidas – salvo extras –, y toda clase de gastos, incluso propinas, es de £ 8.-0.-0 (ocho libras esterlinas) o su equivalencia al cambio del día en Liras, Marcos, Francos, Dólares, Florines o Francos Suizos. (18)	Der Preis des Ausfluges ist £ 8.0.0 [*][18] oder deren Gegenwert zum amtlichen Tageskurse, auch in Lire, Reichsmark, Franken, amer. Dollar, holl. Gulden oder Schweizerfranken. (18)

4.3.2 Posición deíctica

En la figura 4 analizamos los marcadores temporales, espaciales e iden-
titarios del folleto *El itinerario "F" de la Ruta de Guerra del Norte-TO*.

---

[17] Las variaciones en el TM se indican subrayadas.
[18] Omisión.

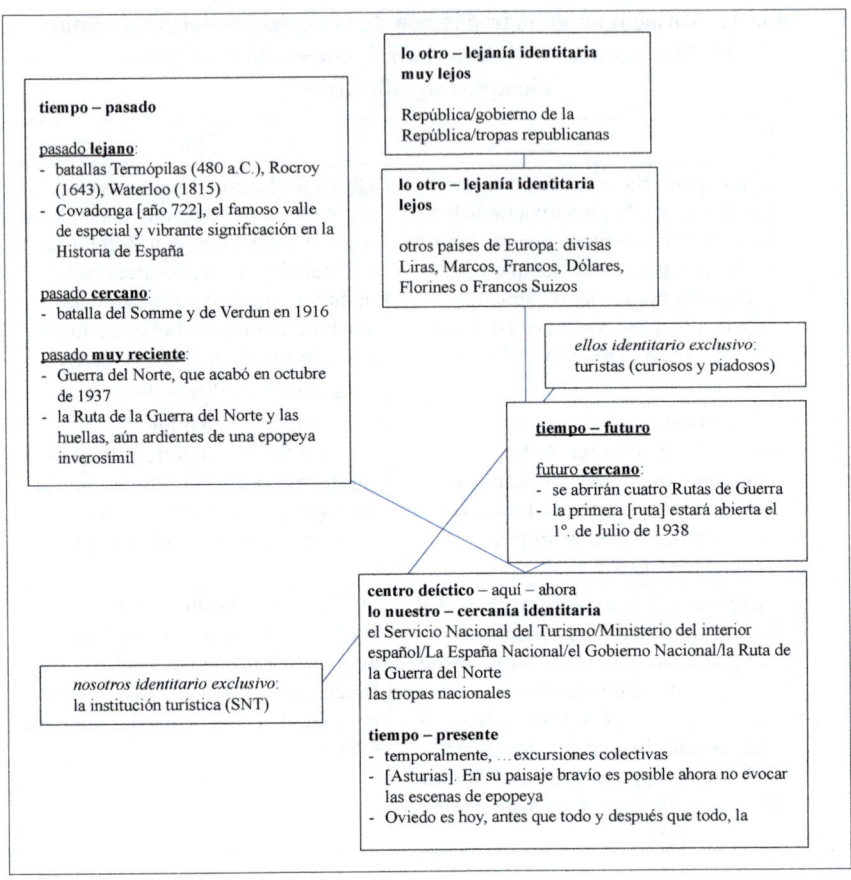

Figura 4. La posición deíctica en *El itinerario "F" de la Ruta de Guerra del Norte-TO*[19]

Como observamos en la figura 4, los indicadores temporales son los más variados y abundantes. El marcador de tiempo futuro se realiza en dos ocasiones. Resulta igualmente interesante la gran distancia entre "lo nacional" y "lo republicano". Esto sitúa a otros países de Europa más cerca del centro deíctico. También equipara "lo nacional" con "lo español". La figura de la posición deíctica en la traducción sería algo diferente. Llama la atención que el traductor omite el marcador de tiem-

[19] Elaboración propia a partir de Munday (2012: 68), que, a su vez, se basa en Chilton (2004: 58).

po pasado muy reciente sobre la Guerra del Norte en *las huellas, aún ardientes*[20] (de la guerra), que es, a su vez, un elemento cuantificador de fuerza, que implica proximidad temporal. Esto implica que la traducción se distancie temporalmente de la Guerra Civil. En nuestra opinión, esta decisión podría responder a una estrategia propagandística para que los futuros turistas no tuvieran miedo al visitar las rutas.

Otra característica del folleto turístico *El itinerario "F" de la Ruta de Guerra del Norte-TO* es que el autor del TO se dirige de manera directa al lector tanto en la portada como en la contraportada del folleto, tal y como recogemos en la tabla 19. Para ello, emplea el modo imperativo: la segunda persona del plural (*vosotros*: apelación 1 y 2) y la tercera persona del singular de cortesía (*usted*: apelaciones 3 y 4). Este lenguaje tan directo y personal es propio del lenguaje promocional.

El traductor mantiene estas apelaciones directas al lector en la forma de cortesía. En cuanto a las apelaciones en segunda persona del plural (*vosotros*), en uno de los casos opta por la forma de cortesía en tercera persona del plural (realización 2), que sabemos que es más frecuente en la lengua alemana. Por este motivo, resulta significativo que mantenga la segunda persona del plural en el primer ejemplo (realización 1). La realización 4 se omite.

Tabla 19. Apelaciones directas al lector en *El itinerario "F" de la Ruta de Guerra del Norte-TO* y su traducción

N.º	TO	TM
1	VISITAD[21] LAS RUTAS DE LA GUERRA EN ESPAÑA (11)	BESUCHT DIE KRIEGSZONEN IN SPANIEN (11)
2	ESPAÑA NACIONAL OS INVITA A VISITAR la Ruta de la Guerra en el Norte (...) (1)	NATIONALSPANIEN LADET SIE ZUM BESUCH der Kriegszone im Norden (...) ein (1)
3	Compruebe Usted por sí mismo la situación y circunstancias en la España Nacional. (1)	Überzeugen Sie sich selbst von der Lage und den jetzigen Verhältnissen in Nationalspanien. (1)
4	Pida informes en cualquier Agencia de Viajes. (1)	[*][22]

---

[20] Traducción: *die Spuren* (1) **[omisión]**.
[21] En adelante, los indicadores de posición deíctica se señalan sombreados en color gris.
[22] Omisión.

Siguiendo a Munday (2012: 70-71), los indicadores de posición deíctica en este folleto turístico en español y su traducción al alemán se clasifican en dos categorías, que mostramos en la tabla 20.

Tabla 20. Los indicadores de posición deíctica en *El itinerario "F"* de la Ruta de Guerra del Norte-TO y su traducción[23]

Tipos de categorías deícticas	Grupo de referencia	N.º	Realizaciones en el TO	Realizaciones en el TM
nosotros identitario exclusivo	la institución turística (SNT)	1	A continuación damos una breve impresión acerca de los aspectos más salientes del itinerario que dicha Ruta n°.1 recorre. (18)	Im folgenden geben wir einen kurzen Überblick über die hauptsächlichsten Sehenswürdigkeiten der Reiseroute Nr. 1. (18)
ellos identitario exclusivo	el futuro turista	2	Los campos de batalla, son, tradicionalmente, lugares de peregrinación piadosa, donde la mera curiosidad del turista se eleva, y se muda en el homenaje que reclaman las grandes hazañas y los magníficos ejemplos. (16)	Die Schlachtfelder sind gewöhnlich Wallfahrtsstätten, an denen sich die schlichte Neugierde des Reisenden erhebt und verwandelt zum frommen Gedenken der großen Heldentaten und herrlichen Beispiele, die hier geschahen. (15)
		3	Autocars del modelo más reciente, y de perfecto confort, adquiridos exprofeso para estas excursiones, conducirán a través de cada Ruta a los turistas, tomandolos en la frontera de Irun y volviendo a dejarlos en la misma frontera. (…) (Una de las fotografias aquí publicadas es la del HOTEL REAL de Santander, que se da como	Autobusse vom letzten Typ und mit allem Komfort, eigens für diese Ausflüge angeschafft, führen die Touristen über die angegebenen Schlachtfelder. Abfahrtsort ist die Grenzstadt Irun, wo auch die Gesellschaftsreise wieder endet. (…) Eine der Photographien zeigt das Hotel Real von Santander, das zur Unterkunft der
		4	ejemplo de los utilizados para el alojamiento de los turistas que recorran la Ruta de la Guerra del Norte.) (16)	Reisenden dient, welche die Nordkriegszone besuchen wollen. (16)

[23] Elaboración propia a partir de Munday (2012).

El cambio más relevante es la traducción de los indicadores pertenecientes a la categoría *ellos identitario exclusivo* (realizaciones 2-4 de la tabla 20). En el siguiente apartado nos detendremos en este punto.

Ni el autor del TO ni el traductor emplean indicadores pertenecientes a las categorías inclusivas. Este hecho implica que ninguno de ellos intenta formar equipo con el lector a través de este mecanismo.

4.3.3 Proyección del lector-turista

Como hemos mostrado en el apartado anterior, el autor del TO nombra directamente al lector meta del folleto hasta en tres ocasiones (véanse realizaciones 2-4 de la tabla 20) y, en todas, utiliza el término *turista/s*. El traductor emplea los términos *Reisenden* [*viajeros*] y *Touristen* [*turistas*] de igual forma para el término *turista/s* en español.

Consideramos que el autor del TO construye un lector *complaciente*, que visitará las rutas y se convertirá en un turista curioso y piadoso, como muestran los indicios que deja en el texto.

Sin embargo, sí creemos que el autor del TO anticipa la existencia de algunos grupos "resistentes" contra la legitimidad de la sublevación y sus consecuencias, que puedan no compartir sus mismos valores. Por este motivo, el autor se encarga de crear un lector *complaciente*, también, desde el punto de vista ideológico. En general, el tono es contractivo y explícito y no da lugar a otras opiniones. Recordemos que la finalidad última de este folleto turístico es la propaganda del bando sublevado.

Además, el autor del TO no intenta formar equipo con el lector a través de los indicadores de posición deíctica. Sí lo hace por medio de las apelaciones directas al lector, las heteroglosias *contractivas* y las descripciones del turista que espera que visite las rutas.

Sin duda, la finalidad de esta publicación y las circunstancias de su creación fueron muy concretas, lo que puede justificar ciertos fenómenos observados, como el del uso de apelaciones directas al lector. El traductor se mantiene en la misma línea.

4.3.4 Patrón valorativo

En el discurso turístico durante la guerra civil española operaba *la voz del promotor turístico* de España, que combina de una manera específica los recursos de los sistemas de la valoración (actitud, compromiso y graduación).

En este folleto, la voz del promotor turístico persigue, por un lado, ensalzar y legitimar al bando sublevado y al posterior régimen franquista; por otro, desprestigiar al bando y Gobierno republicanos. Sin duda, la voz del promotor turístico busca moldear la imagen pública del bando sublevado y justificar sus acciones ante la opinión pública internacional. A lo largo del texto, observamos la axiología propia del bando sublevado.

Para expresar ese matiz "propagandístico" y reforzar su posición axiológica, la voz:

- expresa de forma directa (83 %) la mayor parte de la actitud;
- cuando lo hace de manera indirecta (17 %), la actitud expresada pertenece a la categoría del juicio;
- utiliza valoraciones de signo positivo (97 %) y puntualmente de signo negativo (3 %);
- se expresa principalmente a través de la apreciación (69 %) y del juicio (30 %). El afecto se realiza de modo excepcional (1 %) (véase figura 5);
- expresa la carga actitudinal de forma muy graduada principalmente por medio de fuerza intensificada por repetición de elementos (27 % del total de valoraciones);
- emplea categorías híbridas en expresiones indirectas de actitud y asociaciones: sintagmas combinados polarizados;
- se presenta principalmente de manera monoglósica y puntualmente utiliza heteroglosias contractivas;
- no recurre al empleo de numerosos indicadores de posición deíctica (ninguno inclusivo y cuatro exclusivos); usa el término *turista/s*, el marcador temporal de tiempo futuro y apelaciones directas al lector usando imperativos.

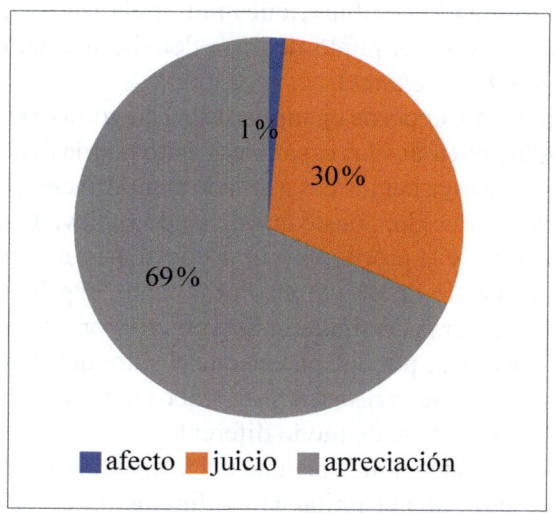

Figura 5. El sistema de la actitud en *El itinerario "F"*
de la Ruta de Guerra del Norte-TO

En este caso, nos gustaría destacar algunos recursos que han sido se-leccionados, intencionadamente, para fundamentar el sistema axiológico del folleto turístico.

Por un lado, el autor del TO valora de manera positiva o negativa a habitantes de regiones, turistas, profesionales del turismo, diferentes bandos de la Guerra Civil, etc. La tipología que sigue es: valoraciones de signo positivo sobre el bando sublevado y valoraciones de signo negativo sobre el bando republicano. De hecho, los dos únicos ejemplos que existen de valoración negativa pertenecen a la subcategoría del juicio indirecto y hacen referencia al Gobierno de la República y al bando republicano.

Por otro, el autor del TO valora también de manera indirecta la buena labor del Servicio Nacional del Turismo y elige de modo intencionado asociaciones que se refieren a escenarios bélicos y aspectos relacionados con lugares del itinerario. Dentro de este grupo destacan las que hemos denominado "asociaciones propagandísticas", que son valoraciones muy explícitas, con un carácter propagandístico muy marcado, fácilmente identificables y propias del discurso del bando sublevado. En algunos casos, estas asociaciones propagandísticas acompañan a expresiones indirectas de actitud graduadas sobre los dos bandos enfrentados en la contienda, formando combinaciones muy polarizadas que son también interesantes desde el punto de vista del sistema del compromiso (*concesiones-contradicciones*).

Es llamativa la ausencia de ejemplos de la categoría deíctica *nosotros identitario inclusivo* (todos los españoles). Esto podría deberse al fin del propio folleto. Como ya hemos desarrollado anteriormente, este ejemplar se editó para ser traducido, puesto que el bando sublevado siempre tuvo claro que el turismo y la propaganda eran cuestiones clave para reforzar sus tesis frente al resto de los países. Por lo tanto, el principal mercado turístico de las rutas era el extranjero. Este objetivo propagandístico en el exterior podría explicar por qué parece que el autor del TO y, después, el traductor persiguen vencer *resistencias*. Ambos presienten la posibilidad de que algún lector piense de modo diferente.

En cuanto a la traducción al alemán del folleto turístico, el traductor, aunque parece que intenta imitar la configuración de la voz autorial original, deja su impronta en el texto traducido y realiza modificaciones (sobre todo en el plano de la actitud y la intensificación de la graduación) que refuerzan en la mayor parte de los casos el sistema de valores del TO. Una excepción de esta tendencia es la omisión del adjetivo *legítimo* (juicio directo), que es un elemento con gran carga ideológica empleado con un propósito claramente propagandístico. Esta decisión del traductor podría interpretarse como un rechazo a legitimar guerras como las sucedidas en territorio francés. Tal vez el traductor consideró que incluir ese adjetivo era ir demasiado lejos.

Asimismo, el traductor calca la mayor parte de las asociaciones y hace algún giro interesante en otras: en un caso, mantiene en español el nombre entre paréntesis; en otro, emplea el adjetivo *staatlich* [*estatal*], que codifica la legitimación del golpe de Estado del bando sublevado para derrocar al Gobierno legítimo de la República.

Todos estos resultados son evidencias textuales que muestran la agentividad del traductor, que deja estas huellas en el patrón valorativo de la voz autorial traducida, y que, en general, opera en consonancia con el sistema de valores del folleto.

4.4 SISTEMA DE VALORES E IDEOLOGÍA

En 1938, el Servicio Nacional del Turismo publicó este ejemplar estructurado sobre la base de un criterio geográfico y en él presenta el norte español como escenario de la guerra civil española, al tiempo que hace un repaso de las provincias del itinerario (Guipúzcoa, Vizcaya, Santander, Asturias) y sus cuatro capitales, así como de otros lugares de interés turístico (playas, pueblos, cuevas prehistóricas, etc.) que forman parte de la ruta. Además, aporta información práctica (precio, duración, servicios, etc.) sobre el itinerario "F" de la Ruta de Guerra del Norte para los turistas interesados en visitarla.

Para valorar de manera positiva las Rutas Nacionales de Guerra y la heroicidad del bando sublevado, el SNT se valió de elementos verbales y no verbales (fotografías, tipografía, color, etc.), como hemos presentado en los apartados anteriores. Con ello, el SNT persigue dar fe de que el norte peninsular es un destino tranquilo, en el que había finalizado la guerra y la vida volvía, poco a poco, a la normalidad gracias a la buena labor del nuevo Gobierno. Además, el SNT valora de forma negativa a otros implicados en la guerra civil española.

Los resultados más relevantes obtenidos de la contextualización y de los análisis macro- y microtextual nos han permitido abstraer el sistema axiológico presente en el folleto turístico *El itinerario "F" de la Ruta de Guerra del Norte-TO*. Como ya hemos mencionado en el apartado anterior, la voz del promotor turístico invita al lector-turista a realizar un viaje propagandístico por la *España Nacional*; este lo utiliza para transmitir su posición axiológica, que se sustenta en dos tipos de valores antagónicos, que mostramos en la siguiente tabla. La columna de la izquierda recoge las valoraciones representativas del grupo "bando sublevado", mientras que la columna de la derecha reúne las del grupo "bando republicano". Cada grupo posee unos valores concretos –última fila a la izquierda y a la derecha– que se oponen entre sí por su signo y por el elemento valorado.

El autor del TO alaba la ética del Gobierno del bando sublevado y su habilidad para tomar decisiones acertadas o para proporcionar los mejores servicios turísticos, el heroísmo colectivo y la resistencia de los ciudadanos de Oviedo, y de Asturias en general, así como la fortaleza de los soldados y las tropas del bando sublevado. En contraposición, condena la falta de habilidad del Gobierno de la República y a *los rojos*, aunque, en general, sigue una estrategia propagandística poco agresiva. Para valorar de manera positiva o negativa a estos grupos e invertir más en la posición valorada, se sirve de valoraciones principalmente indirectas graduadas por cuantificación, asociaciones propagandísticas y oraciones heteroglósicas que refuerzan su posición.

En cuanto a la estructura, puede afirmarse que el autor del TO se hace notar más en la primera mitad del folleto, donde emplea un buen número de dobletes, asociaciones propagandísticas, valoraciones muy significativas, sobre todo de juicio indirecto graduado, y sintagmas combinados polarizados. Todas las realizaciones mencionadas muestran cómo el autor codifica el sistema de valores y la ideología del bando sublevado. Además, parece como si el Gobierno del bando sublevado estuviera detrás de las *huellas* más cargadas ideológicamente en el TO, como pueden ser las asociaciones propagandísticas identificadas.

El SNT planificó las rutas, sobre todo, para el público extranjero en un intento de hacer un "lavado de cara" al bando sublevado. Las pruebas textuales de la agentividad del traductor reman a favor del sistema de valores y de la finalidad propagandística de este ejemplar: moldear la imagen pública del bando sublevado y justificar sus acciones ante la opinión pública internacional. Sabemos que el SNT necesitaba no solo la legitimación exterior, sino también las divisas, por lo que al objetivo propagandístico se le unía el económico. Sin duda alguna, el traductor actúa a favor del sistema, aunque es posible que esta decisión estuviera influenciada por las posibles repercusiones que habría tenido actuar de manera contraria.

Tabla 21. El sistema de valores en *El itinerario "F" de la Ruta de Guerra del Norte-TO*

Valoraciones representativas	Grupo: bando sublevado	Grupo: bando republicano	Valoraciones representativas
El Gobierno Nacional ha establecido la hora de verano (…)		(que la República había suprimido) (16)	
(…) y que pone los relojes nacionales al unísono con los demás de Europa 16)			
(…) e inmediatamente reconstruidos por las tropas nacionales (18)		Figuran entre ellas las que reproducen algunos de los centenares de puentes destruidos por los rojos (…) (18)	

Valoraciones representativas	Grupo: bando sublevado	Grupo: bando republicano	Valoraciones representativas
una epopeya inverosímil (1) EL SERVICIO NACIONAL DEL TURISMO organiza excursiones que, acompañadas por Guías competentes, se harán en autocars de lujo y hospedándose en hoteles de 1º. clase. (11) Los campos de batalla son, tradicionalmente, lugares de peregrinación piadosa (15) [Francia exhibe] con legítimo orgullo (15) Temporalmente, el recorrido de las rutas habrá de hacerse mediante las excursiones colectivas, acompañadas por Guías competentes, organizadas por el SERVICIO NACIONAL DEL TURISMO (del Ministerio del Interior español). (15) Autocars del modelo más reciente, y de perfecto confort, adquiridos exprofeso para estas excursiones, conducirán a través de cada Ruta a los turistas, tomandolos en la frontera de Irun y volviendo a dejarlos en la misma frontera. El alojamiento se hará en hoteles de primer orden provistos de las refinadas exigencias del confort moderno. (16) [Asturias] su paisaje bravío [los asturianos] (21) las escenas de epopeya [de los soldados] (21) heroísmo [de las tropas nacionales] (21) Oviedo (…) la ciudad invicta y heroica, con puesto propio entre los lugares sagrados de la guerra gloriosa por la salvación de España (22)			
Valores		*Valores*	
habilidad fortaleza, heroísmo honradez y ética		ausencia de habilidad debilidad, torpeza falta de honradez y de ética	

CAPÍTULO 5. EL FOLLETO TURÍSTICO
EL ITINERARIO "P" DE LA RUTA DE GUERRA DEL NORTE

La Biblioteca Nacional de España custodia también el folleto turístico *El itinerario "P" de la Ruta de Guerra del Norte*[1], publicado por el Servicio Nacional del Turismo en 1938.

A continuación, contextualizamos brevemente este ejemplar y desarrollamos un micro- y macroanálisis comparativo de los dos folletos turísticos en español.

5.1 CONTEXTUALIZACIÓN DEL ESTUDIO DE CASO

La contextualización de este segundo estudio de caso guarda muchas similitudes con las del primero. En este sentido, remitimos al apartado 4.1 para una información más detallada al respecto.

Como ya hemos indicado, el Servicio Nacional del Turismo editó en 1938 material promocional sobre la Ruta de Guerra del Norte, que después se tradujo a diferentes idiomas con el fin de promocionar este paquete turístico en el extranjero. En el caso concreto del folleto turístico *El itinerario "P" de la Ruta de Guerra del Norte* se desconoce si existe una traducción al alemán; en cualquier caso, no se ha localizado.

Basándonos en nuestras investigaciones en el AGA y en la base de datos Gazeta, y al observar las características del material, podemos afirmar que este ejemplar estaba dedicado a la promoción del itinerario "P" de la Ruta de Guerra del Norte (véase apartado 1.3). Según la información recopilada, este itinerario estaba dirigido a los turistas que entraban por la frontera de Portugal, tenía una duración de 9 días (1.550 kilómetros), un precio de 400 pesetas, incluía todo tipo de servicios (transporte, alojamiento en hoteles de primera clase, desayuno, comidas, propinas,

---

[1] El folleto turístico *El itinerario "P" de la Ruta de Guerra del Norte-TO* se encuentra en la Biblioteca Nacional de España (BNE) de Madrid (España), MV/1/1356.

transporte de equipaje y seguro de viajero), y se efectuaba en autocares Pullman, de treinta y tres plazas, con un guía-intérprete.

En cuanto a los agentes implicados en la redacción en español de este segundo folleto, creemos que pudieron ser los mismos que los del primero. Por tanto, el mapa de la red de producción del folleto turístico *El itinerario "P" de la Ruta de Guerra del Norte* en español (1938) pudo ser muy similar a la del folleto turístico sobre el itinerario "F" (véase figura 3).

5.2 ANÁLISIS MACROTEXTUAL

El folleto turístico *El itinerario "P" de la Ruta de Guerra del Norte* mantiene la misma *estructura prototípica* (Calvi, 2011) que *El itinerario "F" de la Ruta de Guerra del Norte*, como mostramos en las ilustraciones 13 y 14. Los dos folletos turísticos son visualmente muy parecidos. Las principales diferencias encontradas entre ambos se recogen a continuación.

El ejemplar *El itinerario "P" de la Ruta de Guerra del Norte-TO* se centra en promocionar el itinerario "P" de la ruta: El Norte (Tuy-Santander) (véase ilustración 15), para la que concreta el punto de recogida de los turistas que deseen visitarla, Valença do Minho (Portugal) (pág. 15). Por este motivo, en la cara A, se modifica el mapa de *El itinerario "F" de la Ruta de Guerra del Norte-TO* (véase ilustración 16) y se incluyen otras imágenes, que tienen que ver con este itinerario de la ruta, como son la fachada de la Catedral de Santiago de Compostela, la Ría de Vigo, la Ría de Arosa, etc.

Además, en *El itinerario "P" de la Ruta de Guerra del Norte-TO* se adelanta la oración que aclara que la Guerra Civil en el Norte ya ha finalizado (octubre de 1937) y se incluyen los escudos portugueses como divisa con equivalencia, cuestiones que destacamos en el análisis microtextual.

El folleto *El itinerario "P" de la Ruta de Guerra del Norte-TO* se centra en describir "tres notas singulares": la desembocadura del río Miño, las Rías Bajas y Santiago de Compostela. A las dos primeras dedica dos párrafos y a Santiago de Compostela, cinco. Son numerosos los elogios a Santiago de Compostela como atracción no solo turística, sino también religiosa. De hecho, para reforzar estos elogios, incluye una cita sobre Santiago de Compostela de un famoso autor inglés.

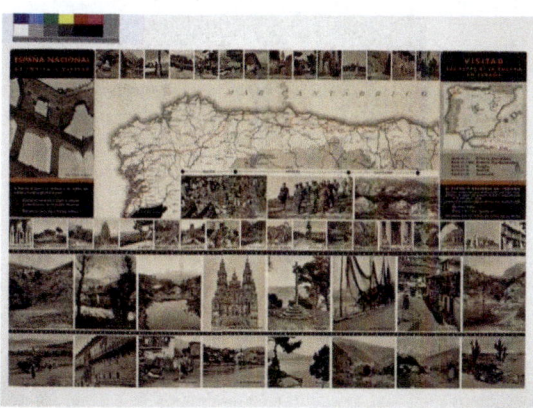

Ilustración 13. Cara A de *El itinerario "P" de la Ruta de Guerra del Norte-TO*

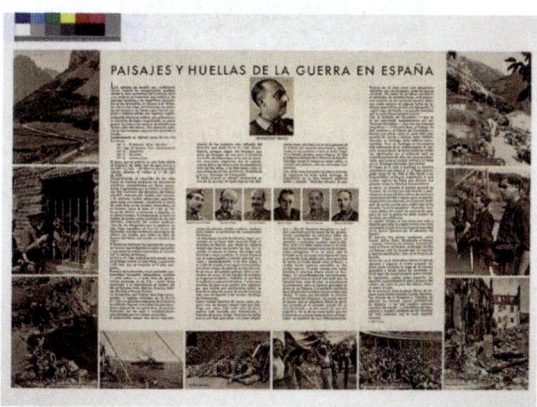

Ilustración 14. Cara B de *El itinerario "P" de la Ruta de Guerra del Norte-TO*

Este afán por destacar Santiago de Compostela repercute en que no se trate de igual modo todas las provincias del Norte español, a diferencia de lo que hacía *El itinerario "F" de la Ruta de Guerra del Norte-TO*. En *El itinerario "P" de la Ruta de Guerra del Norte-TO* se describe de forma puntual Asturias y su capital, Oviedo, y Santander, así como otros lugares turísticos importantes.

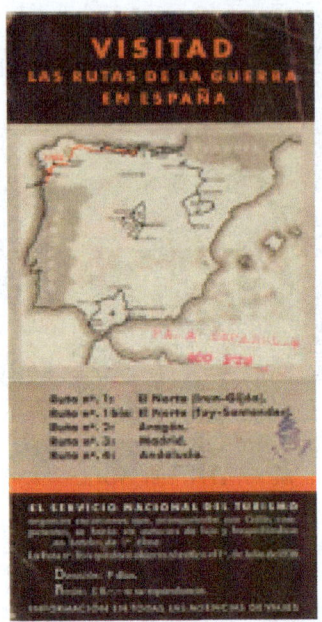

Ilustración 15. Portada de *El itinerario "P"*
de la Ruta de Guerra del Norte-TO

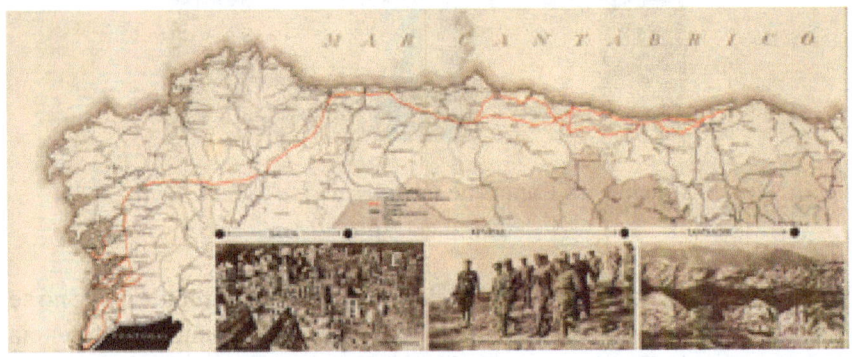

Ilustración 16. Mapa del itinerario "P" de la Ruta de Guerra del Norte:
El Norte (Tuy-Santander) en *El itinerario "P" de la Ruta de Guerra*
del Norte-TO

5.3 ANÁLISIS MICROTEXTUAL

En los siguientes apartados, presentamos los resultados obtenidos del análisis microtextual del folleto turístico *El itinerario "P" de la Ruta de Guerra del Norte-TO* y su comparativa con *El itinerario "F" de la Ruta de Guerra del Norte-TO*.

5.3.1 Expresión de la valoración

El autor "P"[2] se expresa con más emoción que el autor "F", tal y como recogemos en la tabla 22. Además, dos de las cuatro expresiones directas de afecto forman parte de oraciones heteroglósicas (realizaciones 2 y 3).

Llama la atención que los tres últimos casos (realizaciones 2, 3 y 4 de la tabla 22) están insertos en la cita de Somerset Maugham, escritor inglés de renombre, que el autor "P" usa para elogiar Santiago de Compostela. Además, en esta cita se emplea la primera persona del singular (realización 2).

Tabla 22. Las realizaciones de la expresión del afecto en *El itinerario "P" de la Ruta de Guerra del Norte-TO*[3]

+ felicidad
1. la emoción sin par de **una de las** joyas **más** ricas de España y el mundo: Santiago de Compostela (18)
+ satisfacción
2. No puedo menos de pensar que su arquitecto debió de sentir una punzada en el corazón cuando vió su obra terminada y se dió cuenta de que era magnífica (20)
3. No es de las cosas bellas que van insinuando su encanto hasta cautivar al observador: se apodera de uno **fulminantemente** (20)
4. Mejor que **media docena** de páginas llenas de esfuerzos descriptivos, podría una fotografía (*) sugerir algo semejante a la peculiar emoción que la maravillosa Catedral suscita" (21)

---

[2] Cuando comparamos los dos folletos turísticos en español, denominamos autor "F" al autor de *El itinerario "F" de la Ruta de Guerra del Norte-TO* y autor "P" al autor de *El itinerario "P" de la Ruta de Guerra del Norte-TO*.

[3] En este análisis microtextual indicamos en color azul los segmentos diferentes entre ambos folletos turísticos en español.

El autor "P" mantiene algunas expresiones directas de juicio pertenecientes a las subcategorías de la estima social (realizaciones 1, 2 y 3 de la tabla 23) y de la sanción social (realizaciones 7 y 8), y añade tres nuevas realizaciones pertenecientes a la subcategoría juicio>+capacidad (realizaciones 4, 5 y 6); dos de ellas también forman parte de oraciones heteroglósicas (expansión>atribución>reconocimiento) (realizaciones 4 y 5).

Tabla 23. Las realizaciones de la expresión directa del juicio
en *El itinerario "P" de la Ruta de Guerra del Norte-TO*

Estima social
+ normalidad
1. la mera curiosidad del turista (15)
+ capacidad
2. Guías competentes (11)   3. Guías competentes (15)   **4. Uno de los más** eminentes escritores actuales de Inglaterra [W. Somerset Maugham] (20)   5. comentada magistralmente por Mr. Somerset Maugham (21)   6. el ánimo propicio [de los santanderinos] (22)
Sanción social
+ integridad moral
7. Los campos de batalla son, tradicionalmente, lugares de peregrinación piadosa (15)   8. [Francia exhibe] con legítimo orgullo (15)

Además, se han identificado las siguientes valoraciones indirectas de juicio y algunas valoraciones pertenecientes a categorías híbridas. Las realizaciones 11 y 12 de la tabla 24 combinan las categorías de la apreciación directa (+composición) y el juicio indirecto (+tenacidad). Las realizaciones 6 y 7 combinan la apreciación directa (+composición) con el juicio indirecto (+capacidad). El autor "P" continúa valorando de manera indirecta la institución turística del bando sublevado (SNT), como buen organizador de las rutas y último responsable de su buen funcionamiento (realizaciones 1, 2 y 3). En cuanto al párrafo dedicado a Asturias (pág. 21), el autor "P" mantiene las tres expresiones indirectas de juicio>+tenacidad (realizaciones 12-14). La realización 12 cambia mínimamente: *Al entrar en Asturias el paisaje acentúa su braveza* [los asturianos] del folleto "P" frente a [Asturias] *su paisaje bravío* [los asturianos] del folleto "F". El autor "P" mantiene todas las combinaciones polarizadas con varias asociaciones propagandísticas.

Tabla 24. Las realizaciones de la expresión indirecta del juicio
en *El itinerario "P" de la Ruta de Guerra del Norte*-TO

Estima social
+ capacidad
1. EL SERVICIO NACIONAL DEL TURISMO organiza excursiones que, acompañadas por Guías competentes, se harán en autocars de lujo y hospedándose en hoteles de 1°. clase. (1)   2. Temporalmente, el recorrido de las rutas habrá de hacerse mediante las excursiones colectivas, acompañadas por Guías competentes, organizadas por el SERVICIO NACIONAL DEL TURISMO (del Ministerio del Interior español). (15)   3. Autocars del modelo más reciente, y de perfecto confort, adquiridos exprofeso para estas excursiones, conducirán a través de cada Ruta a los turistas, tomandolos en la frontera (para la Ruta n°. 1bis en Valença do Minho) y volviendo a dejarlos en la misma frontera. El alojamiento se hará en hoteles de primer orden provistos de las refinadas exigencias del confort moderno. (15)   4. El Gobierno Nacional ha establecido la hora de verano (…) y que pone los relojes nacionales al unísono con los demás de Europa (16)   5. **inmediatamente** reconstruidos por las tropas nacionales (16)   6. obra (…) magnífica [del arquitecto] (20)   7. otros **tres** monumentos magníficos —el Hospital Real, el Colegio de San Jerónimo y el Palacio del Consistorio— forman una plaza como no sería fácil componerla de intento [los arquitectos de los monumentos que conforman la plaza] (21)
- capacidad
8. (que la República había suprimido) (16)   9. **algunos de los centenares** de puentes destruidos por los rojos (16)
+ tenacidad
10. una epopeya inverosímil (1)   11. su heroica grandeza [de la arquitectura de la catedral] la exime de ser fatigosa (20)   12. Al entrar en Asturias el paisaje acentúa su braveza [los asturianos] (21)   13. las escenas de epopeya [de los soldados] (21)   14. heroísmo [de las tropas nacionales] (21)

La mayor parte de la carga actitudinal que expresa *El itinerario "P" de la Ruta de Guerra del Norte-TO* también pertenece a la categoría de la apreciación (50 casos): +reacción (5 casos), +composición (26 casos) y +valor social (19 casos) (véase tabla 25).

A diferencia del autor "F", el autor "P" sí emplea ciertos valores pertenecientes a la subcategoría de la composición (véanse realizaciones 14 y 17 de la tabla 25) que podrían considerarse de signo negativo. Estos adjetivos valoradores aparecen seguidos o antepuestos a un elemento valorativo positivo. Por este motivo, no consideramos que sean ejemplos de valoraciones de composición de signo negativo, sino que el autor "P" usa la negación para destacar.

La mayor parte de las expresiones de apreciación hacen referencia a las Rías Bajas y a las bellezas naturales y arquitectónicas de Santiago de Compostela.

Tabla 25. Las realizaciones de la expresión directa de la apreciación
en *El itinerario "P" de la Ruta de Guerra del Norte-TO*

+ reacción
1. **uno de los** parajes sin duda alguna **más** deliciosos del planeta (18)
2. [una plaza de] mejor belleza (21)
3. el conjunto sorprendente de **tantas** bellezas artísticas aglutinadas (21)
4. Su clima suave (22)
5. playas de llenas de encanto (22)
+ composición
6. autocars de lujo (11)
7. hoteles de 1º. Clase (11)
8. las huellas, **aún ardientes** (1)
9. hoteles de primer orden (15)
10. [hoteles] provistos de las refinadas exigencias del confort moderno (16)
11. lo indescriptible (18)
12. los finos celajes de plata de sus atardeceres (18)
13. sus campos de ensueño (18)
14. Como ciudad histórica de rancio color (ninguna otra de Europa merece más que Santiago una visita) (19)
15. la fachada es de las cosas **más** dignas de verse en el mundo (20)
16. La arquitectura es exuberante (20)

17. su heroica grandeza [de la arquitectura de la catedral] la exime de ser fatigosa (20)
18. el perfecto equilibrio de su decoración (20)
19. una severidad mas clásica (20)
20. obra (…) magnífica [del arquitecto] (20)
21. la maravillosa Catedral (21)
22. otros **tres** monumentos magníficos —el Hospital Real, el Colegio de San Jerónimo y el Palacio del Consistorio— forman una plaza como no sería fácil componerla de intento [los arquitectos de los monumentos que conforman la plaza] (21)
23. otros edificios monumentales (21)
24. Al entrar en Asturias el paisaje acentúa su braveza [los asturianos] (21)
25. infinitos matices de verde (21)
26. [un terreno que] desparrama sus encantos, en incesante variedad (21)
27. playas excelentes (22)
28. (Santander es la) Naturaleza ópima (22)
29. un dulce tapiz de cesped siempre recien nacido (22)
30. En Santander, capital, playa elegante (22)
31. donde los deportes (…) tienen un marco sin par (22)
+ valor social
32. el homenaje (que reclaman las grandes hazañas y los magníficos ejemplos) (15)
33. [los campos de batalla han sido] elemento esencial en los combates (15)
34. Autocars **del** modelo **más** reciente (15)
35. [Autocars] de perfecto confort (15)
36. los aspectos **más** salientes del itinerario (17)
37. tres notas singulares (17)
38. Las Rías bajas (Arosa, Pontevedra, Vigo) concentran en su fama bien merecida **todo** el prestigio de Galicia (18)
39. (la emoción sin par) de **una de las** joyas **más** ricas de España y el mundo: Santiago de Compostela (18)
40. está formada por monumentos, a menudo de primer orden (19)
41. [Ávila, Segovia y Toledo] esos prodigiosos testigos de la Historia de España (19)
42. la Catedral, meta durante **tantas centurias** de **innumerables** peregrinos (20)
43. una adquisición definitiva (21)
44. el monumento **más** interesante es la ciudad misma (21)

Tabla 25. Las realizaciones de la expresión directa de la apreciación
en *El itinerario "P" de la Ruta de Guerra del Norte-TO* (continuación)

45. [Oviedo] con puesto propio entre los lugares sagrados de la guerra gloriosa por la salvación de España. (22)
46. lugares turísticos de primera importancia (22)
47. el famoso Valle de Covadonga (22)
48. riqueza ganadera (20)
49. las famosas cuevas prehistóricas de Altamira (22)
50. (las famosas cuevas prehistóricas de Altamira) —las **más** notables pinturas rupestres del mundo— (22)

El autor "P" presenta las actitudes de manera más graduada. De hecho, la mayor parte de la expresión de la graduación se localiza en los segmentos diferentes entre los dos folletos turísticos (véanse los segmentos marcados en color azul en las tablas 26 y 27). Este autor utiliza más ejemplos de fuerza intensificada mediante superlativos y lexemas aislados (véase tabla 26). Sin embargo, la técnica de graduación más empleada es la intensificación por repetición de elementos (véase tabla 27). Emplea un total de veintiún sintagmas intensificados por repetición de elementos, seis de ellos, a su vez, graduados. Esto supone el doble de los sintagmas localizados en *El itinerario "F" de la Ruta de Guerra del Norte-TO*. Además, no todos los elementos están unidos por la conjunción coordinante copulativa *y*. Por último, utiliza tripletes (véase tabla 27).

Tabla 26. La expresión de la graduación en *El itinerario "P" de la Ruta de Guerra del Norte-TO*: fuerza intensificada mediante superlativos
y lexemas aislados

Superlativos
1. Autocars **del** modelo **más** reciente (15)
2. **los** aspectos **más** salientes del itinerario (17)
3. **Uno de los más** eminentes escritores actuales de Inglaterra [W. Somerset Maugham] (20)
4. **uno de los** parajes sin duda alguna **más** deliciosos del planeta (18)
5. [Las Rías bajas] elogio **más** ferviente y mejor fundado (18)
6. la fachada es de las cosas **más** dignas de verse en el mundo (20)
7. **el** monumento **más** interesante es la ciudad misma (21)
8. (las famosas cuevas prehistóricas de Altamira) —**las más** notables pinturas rupestres del mundo— (22)

Lexemas aislados
9. una armonía emocional y estética no **tan** perfecta ni aun en Avila, Segovia o Toledo (19)
10. el esplendor de aquellas torres, ni la placentera emoción de **tan** opulenta simetría (21)
11. el ambiente total en armonía perfecta **tan** feliz, **tan** como predestinada (21)
12. Un terreno aun **más** movido y montañoso (21)

Tabla 27. La expresión de la graduación en *El itinerario "P" de la Ruta de Guerra del Norte-TO*: fuerza intensificada por repetición de elementos

	Elemento 1	Elemento 2	Tipo de valoración
Dobletes con la conjunción coordinante copulativa y			
1. las grandes hazañas y los magníficos ejemplos (15)	+ ten (juicio)	+ ten (juicio)	homogénea
2. [Galicia] una pura y constante maravilla de la Naturaleza (17)	+ com (apreciación)	+ com (apreciación)	homogénea
3. mezcla divina de tierra y mar: la desembocadura del Río Miño (17)	+ com (apreciación)	+ com (apreciación)	homogénea
4. [Las Rías bajas] elogio **más** ferviente y mejor fundado (18)	+ val (apreciación)	+ val (apreciación)	homogénea
5. En el marco del paisaje gallego, dulce y pintoresco sin cesar (18)	+ com (apreciación)	+ com (apreciación)	homogénea
6. se engarzan pueblos y ciudades, en que flota la tradición y rebosa el atractivo (18)	+ val (apreciación)	+ reac (apreciación)	mixta
7. una armonía emocional y estética no **tan** perfecta ni aun en Avila, Segovia o Toledo (19)	+ reac (apreciación)	+ reac (apreciación)	homogénea
8. palabras bellas y exactas (20)	+ reac (apreciación)	+ val (apreciación)	mixta
9. Grandes bloques de piedra (...), pulidos y gastados por los pasos de las generaciones (20)	+ val (apreciación)	+ val (apreciación)	homogénea
10. nubes plomizas y siniestras (20)	+ com (apreciación)	+ com (apreciación)	homogénea
11. Un terreno aun **más** movido y montañoso (21)	+ com (apreciación)	+ com (apreciación)	homogénea
12. **infinitos** matices de verde son recreo para la vista y reposo para el espíritu (21)	+ reac (apreciación)	+ reac (apreciación)	homogénea

Tabla 27. La expresión de la graduación en *El itinerario "P" de la Ruta de Guerra del Norte-TO*: fuerza intensificada por repetición de elementos (continuación)

13. Oviedo (…) la ciudad invicta y heroica (22)	+ ten (juicio)	+ ten (juicio)	homogénea
14. Covadonga, el famoso valle de especial y vibrante significación en la Historia de España (22)	+ val (apreciación)	+ val (apreciación)	homogénea
15. Santillana del Mar, relicario y muestra eminente de las riquezas del Arte románico que el Norte español acumula (22)	+ val (apreciación)	+ val (apreciación)	homogénea
Dobletes sin la conjunción coordinante copulativa y			
16. un panorama de incomparable hermosura (18)	+ val (apreciación)	+ com (apreciación)	mixta
17. [la fachada de la catedral] es maravillosamente impresionante (20)	+ val (apreciación)	+ com (apreciación)	mixta
18. los inapreciables privilegios espirituales (21)	+ val (apreciación)	+ val (apreciación)	homogénea

	Elemento 1	Elemento 2	Elemento 3	Tipo de valoración
Tripletes				
19. Santiago conserva íntegro su sabor añejo, su unidad casi perfecta, casi sin contrastes anacrónicos (19)	+com (apreciación)	+com (apreciación)	+com (apreciación)	homogénea
20. el esplendor de aquellas torres, ni la placentera emoción de **tan** opulenta simetría (21)	+com (apreciación)	+fel (afecto)	+com (apreciación)	mixta
21. el ambiente total en armonía perfecta **tan** feliz, **tan** como predestinada (21)	+com (apreciación)	+fel (afecto)	+val (apreciación)	mixta

El autor "P" emplea ejemplos de lenguaje figurado que están cargados de simbolismo (véase tabla 28) y que desarrollamos a continuación. Las personificaciones del afecto hacen referencia a lo que siente el turista al visitar esos lugares (véanse realizaciones 1-4 de la tabla 28). La pista nos la ofrece la expresión directa de afecto (+satisfacción) situada en una heteroglosia: *No es de las cosas bellas que van insinuando su encanto hasta cautivar al observador: se apodera de uno fulminantemente* (pág. 20). A partir de ahí, concluimos que las siguientes valoraciones de afecto identificadas hacen referencia a la "peculiar emoción" (+satisfacción/heteroglosia, realización 1) y a la "emoción sin par" (+felicidad, realización 2) que siente el viajero al ver la Catedral de Santiago de Compostela en una fotografía o al visitar la ciudad. Además, dos tripletes contienen heteroglosias y expresiones de afecto personificado (afecto>+felicidad/heteroglosia) (realizaciones 3 y 4).

En cuanto a la expresión del juicio personificado, el autor "P" mantiene la prosodia del párrafo sobre Asturias (pág. 21): expresiones indirectas de juicio>+tenacidad que tienen que ver con la valentía de los asturianos y la heroicidad de los soldados y de las tropas *nacionales*. Una de ellas es una personificación (realización 5). Siguiendo esta tendencia, el autor "P" mantiene el doblete que contiene expresiones de juicio personificadas (juicio directo>+tenacidad) de la realización 6 de la tabla 28.

El autor "P" emplea un recurso novedoso e interesante: la repetición al servicio de la intensificación. En la página 19 incluye una oración con tres repeticiones: *calles/calles, casas/casas* y *casi/casi* (realización 8 de la tabla 28). Asimismo, en la página 21 incluye la repetición del lexema aislado de graduación *tan* en el triplete añadido (realización 4 de la tabla 28), que, como explicamos más arriba, es también una expresión de afecto personificado y forma parte de una heteroglosia.

Tabla 28. Ejemplos significativos de lenguaje figurado
en *El itinerario "P" de la Ruta de Guerra del Norte*-TO

N.º	Realizaciones
1	Mejor que **media docena** de páginas llenas de esfuerzos descriptivos, podría una fotografía (*) sugerir algo semejante a la peculiar emoción que la maravillosa Catedral suscita" (21)
2	la emoción sin par de **una de las** joyas **más** ricas de España y el mundo: Santiago de Compostela (18)
3	el esplendor de aquellas torres, ni la placentera emoción de **tan** opulenta simetría (21)
4	el ambiente total en armonía perfecta **tan** feliz, **tan** como predestinada (21)
5	Al entrar en Asturias el paisaje acentúa su braveza [los asturianos] (21)

Tabla 28. Ejemplos significativos de lenguaje figurado
en *El itinerario "P" de la Ruta de Guerra del Norte-TO* (continuación)

N.º	Realizaciones
6	Oviedo (…) la ciudad invicta y heroica (22)
7	Santander es la Naturaleza ópima en que se derrama y se esparce el ánimo propicio [de los santanderinos] (22)
8	Pero aun las calles que no son más que calles, con casas simplemente casas, guardan con el tono general de la ciudad una armonía emocional y estética acaso no **tan** perfecta ni aun en Avila, Segovia o Toledo; porque, como ninguno de esos prodigiosos testigos de la Historia de España, Santiago conserva íntegro su sabor añejo, su unidad casi perfecta, casi sin contrastes anacrónicos. (19)

El autor "P" mantiene las asociaciones empleadas por el autor "F",
excepto la que hace referencia al Cinturón de hierro, ya que el itinerario no transcurre por esa zona. Además, introduce otras diferentes, que
recogemos aquí:

- *[l]a arquitectura es exuberante, pero su heroica grandeza la exime de ser fatigosa, y el perfecto equilibrio de su decoración consigue una severidad mas clásica. Es como una pincelada de púrpura en el Homero de Chapman* (pág. 20): George Chapman (1559-1634) fue un poeta, dramaturgo y traductor inglés. Realizó la primera traducción completa al inglés de las obras de Homero. Su estilo era barroco, usaba metáforas complicadas y frases muy extensas. Por tanto, se trata de una figura de renombre que el autor "P" emplea para aportar autoridad al texto;
- *W. Somerset Maugham* (págs. 20 y 21): el autor "P", con el obje-tivo de reforzar su posición, se apoya en dos ocasiones (págs. 20 y 21) en la voz externa del experto en la materia William Somer-set Maugham (1874-1965), escritor británico, autor de novelas, ensayos, cuentos y obras de teatro. Durante los años treinta fue considerado el escritor más popular y mejor pagado del mundo. A lo largo de sesenta años, escribió más de cien relatos y veintiuna novelas, además de un gran número de piezas teatrales, biografías, libros de viajes y ensayos. Se trata de una voz muy legitimada;

- *[e]l interés de la visita a Santiago se acentúa actualmente por haber S. S. el Papa prorrogado hasta el fin de 1938 el Año Santo y los inapreciables privilegios espirituales a que pueden aspirar los fieles que durante ese periodo visiten la Catedral Compostelana* (pág. 21): se denomina Año Santo Jubilar Compostelano o Año Santo Jacobeo aquel año en que el 25 de julio (festividad de Santiago Apóstol) cae en domingo. El Año Santo tuvo lugar en 1937, en plena Guerra Civil, y se decidió extenderlo de manera extraordinaria a 1938. Esta asociación es de gran importancia, ya que muestra que el folleto apela no solo al turista normal y corriente, sino también al turista religioso, al turista como peregrino, como fiel. De hecho, se apela de manera directa a él en varias ocasiones, como presentamos más adelante.

El folleto *El itinerario "P" de la Ruta de Guerra del Norte-TO* consta de 62 oraciones. Esto supone 17 oraciones más que el del itinerario "F". Dos oraciones contienen dos heteroglosias, lo que hace un total de veinte heteroglosias en dieciocho oraciones heteroglósicas, como mostramos en la tabla 29.

Analizando con más detalle las heteroglosias, se han identificado un total de veinte: quince contracciones (*negación, contradicción, contradicción-concesión, afirmación* y *pronunciamiento*) y cinco expansiones (*consideración, reconocimiento* y *distancia*), es decir, el autor "P" no cierra tanto el espacio dialogístico como el autor "F", pero tampoco da opción al diálogo. Establece solidaridad con el lector, del que espera que comparta, una vez más, sus mismos valores y que no se oponga a su visión de la realidad (*lectores complacientes*). Y por si hubiera alguna duda de que los valores que transmite no son los correctos, incluye una voz externa muy legitimada, que es experta en la materia y que apoya sus valores. Esto resulta, sin duda, el aspecto más peculiar en este ejemplar.

Mediante la inclusión de la cita de Somerset Maugham (dos párrafos en las págs. 20 y 21), el autor "P" expande el espacio dialogístico (heteroglosias 19 y 20 de la tabla 29). Además, introduce la cita que elogia la habilidad de Somerset Maugham:

Uno de los más eminentes escritores actuales de Inglaterra ha dicho sobre Santiago de Compostela, en un libro reciente, palabras bellas y exactas: "Grandes bloques de piedra —dice W. Somerset Maugham—, pulidos y gastados por los pasos de las generaciones, pavimento las estrechas calles de Santiago de Compostela. Suben, bajan, se retuercen y pretenden conducir aquí o allá. Pero, al fin y al cabo, todas llevan a la Catedral, meta durante tantas centurias de innumerables peregrinos. Y no en vano: que la fachada es de las cosas más dignas de verse en el mundo. Es de piedra gris; pero amarillea de trecho en trecho donde crece el liquen, o verdea donde audaces arbustillos se han podido agarrar. Cuando emerge ante nubes plomizas y siniestras (llueve mucho en Santiago), es maravillosamente impresionante; pero cuando luce el sol y el cielo esta azul, la Catedral tiene color de miel. La arquitectura es exuberante, pero su heroica grandeza la exime de ser fatigosa, y el perfecto equilibrio de su decoración consigue una severidad mas clásica. Es como una pincelada de púrpura en el Homero de Chapman. No puedo menos de pensar que su arquitecto debió de sentir una punzada en el corazón cuando vió su obra terminada y se dió cuenta de que era magnífica. No es de las cosas bellas que van insinuando su encanto hasta cautivar al observador: se apodera de uno fulminantemente (*El itinerario "P" de la Ruta de Guerra del Norte-TO*, pág. 20).

Perdura en el alma como una adquisición definitiva que nos enriquece cada vez que se recuerda. No saben las palabras reproducir el esplendor de aquellas torres, ni la placentera emoción de tan opulenta simetria. Mejor que media docena de páginas llenas de esfuerzos descriptivos, podría una fotografía (*) sugerir algo semejante a la peculiar emoción que la maravillosa Catedral suscita" (*El itinerario "P" de la Ruta de Guerra del Norte-TO,* pág. 21).

Y sigue después alabando la pericia del escritor inglés:

Con la fachada del Obradoiro —que es la asi comentada magistralmente por Mr. Somerset Maugham— otros tres monumentos magníficos —el Hospital Real, el Colegio de San Jerónimo y el Palacio del Consistorio— forman una plaza como no sería fácil componerla de intento y obtener mejor belleza. Abundan en Santiago otros edificios monumentales. Pero en Santiago el monumento más interesante es la ciudad misma; el conjunto sorprendente de tantas bellezas artísticas aglutinadas por el ambiente total en armonía perfecta tan feliz, tan como predestinada, que hasta el paisaje natural y el clima son en Santiago elementos decorativos (*El itinerario "P" de la Ruta de Guerra del Norte-TO*, pág. 21).

El autor "P" emplea esta cita entrecomillada para disociarse de la voz externa experta en la materia. Por esta razón, consideramos que se trata de un *reconocimiento* (expansión) y no de un *refuerzo* (contracción), ya que el autor no adquiere responsabilidad en estas proposiciones, no "interviene". Por el contexto sabemos que el autor "P", aunque se disocie de la voz externa, sí comparte sus mismos valores, es decir, los valores de la voz externa están en consonancia con los de la posición de la voz autorial "P". Esta heteroglosia es expansiva en cuanto que deja entrar en su discurso a una voz externa con la que está alineada categóricamente, por lo que no queda mucho lugar para el diálogo con otras voces que no compartan sus mismos valores. El lector se ve abrumado por la cantidad e intensidad de valoraciones y no le queda más remedio que estar de acuerdo con la posición valorada. Hay una prosodia incluso más satura-da que en *El itinerario "F" de la Ruta de Guerra del Norte-TO*, lo que podría indicar que una posición disidente del lector conllevaría riesgo.

Dentro de la cita de Somerset Maugham se han identificado, además, tres *rechazos* (heteroglosias 5, 6 y 8), un *pronunciamiento* (heteroglosia 16) y una *consideración* (heteroglosia 18). Asimismo, tres de estas ora-ciones contienen ejemplos de afecto, que hemos explicado anteriormente. Somerset Maugham emplea el verbo conjugado en primera persona del singular para expresar afecto (realización 2 de la tabla 22).

Tabla 29. La expresión del compromiso en *El itinerario "P" de la Ruta de Guerra del Norte-TO*[4]

mon.			1. Galicia, primera región del itinerario que parte de Portugal, es una pura y constante maravilla de la Naturaleza en la que destacan tres notas singulares; (17)	
heteroglosia	*contracción*	*rechazo*	*negación* 2. La España Nacional realiza, por primera vez, la iniciativa de haber organizado, en plena guerra, la visita a los campos de batalla que no han sido sólo marco, sino elemento esencial en los combates cuyo eco ha recorrido el mundo. (15) 3. Y entre esos pueblos, de que no se pueden citar ejemplos por que habría que enumerarlos todos, se levanta la emoción sin par de una de las joyas más ricas de España y el mundo: Santiago de Compostela. (18) 4. Pero aun las calles que no son más que calles, con casas simplemente casas, guardan con el tono general de la ciudad una armonía emocional y estética acaso no tan perfecta ni aun en Avila, Segovia o Toledo; porque, como ninguno de esos prodigiosos testigos de la Historia de España, Santiago conserva íntegro su sabor añejo, su unidad casi perfecta, casi sin contrastes anacrónicos. (19) 5. No es de las cosas bellas que van insinuando su encanto hasta cautivar al observador: se apodera de uno fulminantemente. (20) **(Cita de Somerset Maugham)** 6. No saben las palabras reproducir el esplendor de aquellas torres, ni la placentera emoción de tan opulenta simetria. (21) **(Cita de S. M.)**	
			contradicción 7. El precio de la excursión, en el cual están comprendidos transporte, alojamiento, comidas —salvo extras— , y toda clase de gastos, incluso propinas, es de £ 8.-.- (ocho libras esterlinas) o su equivalencia al cambio del día en Escudos, Liras, Marcos, Francos, Dólares, Florines o Francos Suizos. (16) 8. La arquitectura es exuberante, pero su heroica grandeza la exime de ser fatigosa, y el perfecto equilibrio de su decoración consigue una severidad mas clásica. (20) **(Cita de S. M.)** 9. Pero en Santiago el monumento más interesante es la ciudad misma (21)	*contradicción-concesión* 10. El Gobierno Nacional ha establecido la hora de verano (que la República había suprimido) y que pone los relojes nacionales al unísono con los demás de Europa. (16)

[4] Elaboración propia a partir de Martin y White (2005), Kaplan (2004) y Guerra y Herrera (2017).

heteroglosia	contracción	declaración	*acuerdo / afirmación* 12. La España Nacional realiza, por primera vez, la iniciativa de haber organizado, en plena guerra, la visita a los campos de batalla que no han sido sólo marco, sino elemento esencial en los combates cuyo eco ha recorrido el mundo. (15) 13. La capital, Oviedo, es hoy antes que todo y después que todo, la ciudad invicta y heroica, con puesto propio entre los lugares sagrados de la guerra gloriosa por la salvación de España. (22)	11. Figuran entre ellas los que reproducen algunos de los centenares de puentes destruidos por los rojos e inmediatamente reconstruidos por las tropas nacionales. (16)
		pronunciamiento 14. El Miño termina su carrera suavemente en uno de los parajes sin duda alguna más deliciosos del planeta. (18) 15. Como ciudad histórica de rancio color, ninguna otra de Europa merece más que Santiago una visita. (19) 16. Y no en vano: que la fachada es de las cosas más dignas de verse en el mundo. (20) **(Cita de S. M.)**	
	consideración	17. Y entre esos pueblos, de que no se pueden citar ejemplos por que habría que enumerarlos todos, se levanta la emoción sin par de una de las joyas más ricas de España y el mundo: Santiago de Compostela. (18) 18. Mejor que media docena de páginas llenas de esfuerzos descriptivos, podría una fotografía (*) sugerir algo semejante a la peculiar emoción que la maravillosa Catedral suscita". (21) **(Cita de S. M.)**	
	expansión	atribución	*reconocimiento* 19. Uno de los más eminentes escritores actuales de Inglaterra ha dicho sobre Santiago de Compostela, en un libro reciente, palabras bellas y exactas: "Grandes bloques de piedra —dice W. Somerset Maugham—, pulidos y gastados por los pasos de las generaciones, pavimento las estrechas calles de Santiago de Compostela. (…) (20) 20. Con la fachada del Obradoiro —que es la asi comentada magistralmente por Mr. Somerset Maugham— otros tres monumentos magníficos — el Hospital Real, el Colegio de San Jerónimo y el Palacio del Consistorio— forman una plaza como no sería fácil componerla de intento y obtener mejor belleza. (21)	
			distancia 21. [Asturias] (…) infinitos matices de verde son recreo para la vista y reposo para el espíritu, desparrama sus encantos, en incesante variedad, de punta a punta de la región que se ha llamado "la Suiza española". (21)	

5.3.2 Posición deíctica

En la figura 6 analizamos los marcadores temporales, espaciales e iden-
titarios del folleto *El itinerario "P" de la Ruta de Guerra del Norte-TO*.

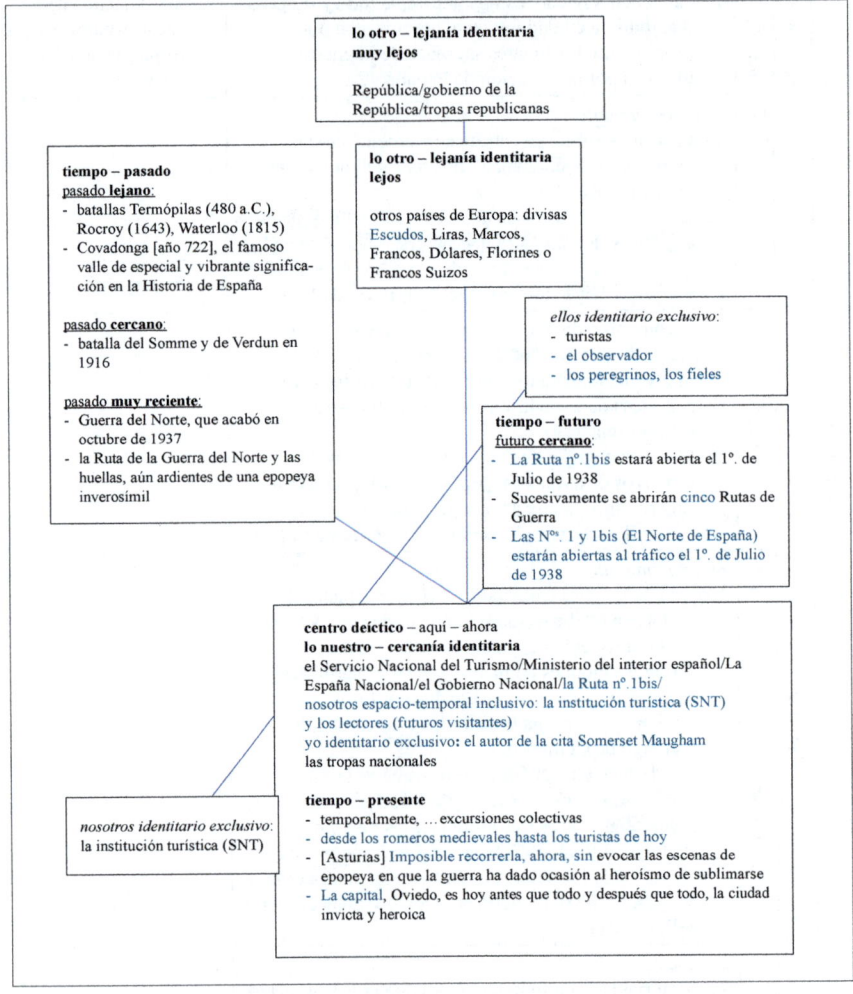

Figura 6. La posición deíctica en *El itinerario "P" de la Ruta de Guerra
del Norte-TO*[5]

[5] Elaboración propia a partir de Munday (2012: 68), que, a su vez, se basa en Chilton
(2004: 58).

Al igual que sucedía en la figura sobre la posición deíctica del folleto turístico sobre el itinerario "F" (véase figura 4), los indicadores temporales son los más variados y abundantes. El marcador de tiempo futuro se realiza de tres formas. Resulta significativo cómo el autor "P" incluye a Portugal dentro de los otros países de Europa al mencionar el cambio a *Escudos* portugueses. Esta decisión tiene lógica, ya que el folleto hacía referencia al itinerario "P" de la Ruta de Guerra del Norte. Asimismo, el autor "P" incluye el marcador temporal de tiempo muy reciente *Guerra del Norte, que acabó en octubre de 1937* antes de lo que lo hacía el autor "F". A nuestro juicio, esta elección podría responder una vez más al interés por dejar claro que la guerra ya había terminado en esa zona y hacer así que los lectores perdieran el miedo a visitarla.

El autor "P" mantiene las apelaciones directas en modo imperativo al lector, tanto en la portada como en la contraportada del folleto.

Se han identificado más indicadores de posición deíctica que en *El itinerario "F" de la Ruta de Guerra del Norte-TO*. La variedad es mayor y el matiz de algunas categorías cambia.

El autor "P" emplea el verbo conjugado en la primera persona del plural (véase realización 1 de la tabla 30), que podría incluirse dentro de la categoría *nosotros espacio-temporal inclusivo* al establecer cierta solidaridad con el lector. Además, como hemos explicado anteriormente, incluye la cita de Somerset Maugham en la que el escritor inglés utiliza el verbo en primera persona del singular (*yo identitario exclusivo*, véase realización 3 de la tabla 30) como una forma de pensamiento y de vinculación con el arquitecto por medio de los sentimientos y de la emoción que le produce contemplar la Catedral de Santiago de Compostela.

Sin duda, la categoría que contiene más realizaciones –hasta siete– es *ellos identitario exclusivo* (véanse realizaciones 4-10 de la tabla 30). Llama especialmente la atención la concreción que hace en cuanto al turista del momento (*los turistas de hoy*) y otro tipo de visitantes: *el observador, los peregrinos* y *los fieles*. En este punto nos detendremos en el siguiente apartado.

Tabla 30. Los indicadores de posición deíctica en *El itinerario "P" de la Ruta de Guerra del Norte-TO*[6]

Tipos de categorías deícticas	Grupo de referencia	N.º	Realizaciones en el TO
nosotros espacio-temporal inclusivo	la institución turística (SNT) y los lectores (futuros turistas)	1	Perdura en el alma como una adquisición definitiva que nos enriquece cada vez que se recuerda. (20) **(Cita de S.M.)**
nosotros identitario exclusivo	la institución turística (SNT)	2	A continuación damos una breve impresión acerca de los aspectos más salientes del itinerario que dicha Ruta nº.1bis recorre. (17)
yo identitario exclusivo	el autor de la cita	3	No puedo menos de pensar que su arquitecto debió de sentir una punzada en el corazón cuando vió su obra terminada y se dió cuenta de que era magnífica. (20) **(Cita de S.M.)**
ellos identitario exclusivo	el futuro turista	4	Los campos de batalla son, tradicionalmente, lugares de peregrinación piadosa, donde la mera curiosidad del turista se eleva, y se muda en el homenaje que reclaman las grandes hazañas y los magníficos ejemplos. (…) (15)
		5	Autocars del modelo más reciente, y de perfecto confort, adquiridos exprofeso para estas excursiones, conducirán a través de cada Ruta a los turistas, tomandolos en la frontera (para la Ruta nº. 1bis en Valença do Minho) y volviendo a dejarlos en la misma frontera. El alojamiento se hará en hoteles de primer orden provistos de las refinadas exigencias del confort moderno. (15)
		6	(Una de las fotografías que se publican en esta Hoja reproduce el Hotel Real de Santander, que figura entre los que habran de utilizar los turistas que visiten la Ruta de la Guerra del Norte, que acabó en Octubre de 1937.) (16)
		7	Las Rías bajas (Arosa, Pontevedra, Vigo) concentran en su fama bien merecida todo el prestigio de Galicia, que, desde los romeros medievales hasta los turistas de hoy, ha recorrido el mundo en brazos del elogio más ferviente y mejor fundado. (18)
		8	Pero, al fin y al cabo, todas llevan a la Catedral, meta durante tantas centurias de innumerables peregrinos. (20)

[6] Elaboración propia a partir de Munday (2012).

Tipos de categorías deícticas	Grupo de referencia	N.º	Realizaciones en el TO
ellos identitario exclusivo	el futuro turista	9	No es de las cosas bellas que van insinuando su encanto hasta cautivar al observador: se apodera de uno fulminantemente. (20)
		10	El interés de la visita a Santiago se acentúa actualmente por haber S. S. el Papa prorrogado hasta el fin de 1938 el Año Santo y los inapreciables privilegios espirituales a que pueden aspirar los fieles que durante ese periodo visiten la Catedral Compostelana. (21)

5.3.3 Proyección del lector-turista

El autor "P" proyecta una imagen de un lector meta mucho más multi-facética y diversificada que el anterior. El lector, que es el futuro turista, ya no solo visita los lugares, sino que los observa y peregrina, tal y como muestran las siete realizaciones (4-10 de la tabla 30).

Además, el autor "P" especifica el tipo de turista que espera que visite las rutas: *los turistas (de hoy), el observador, los peregrinos* y *los fieles*. Este autor apela también al turista religioso, al fiel, que visita la Catedral de Santiago de Compostela con motivo del Año Santo que se prorrogó hasta 1938. Se trata, por tanto, de un matiz diferente y de un folleto que se dirige a un turista con creencias religiosas.

En cuanto a la posición del lector, consideramos que el autor "P" construye un lector *complaciente*. El autor "F" anticipaba, en cierta medida, la existencia de algunas "resistencias" contra la legitimidad de la sublevación y sus consecuencias, por lo que creaba un lector *compla-ciente* ideológicamente. En este caso, el autor "P" va un paso más allá y, mediante su tono más contractivo y explícito, crea un lector *complaciente* no solo desde el punto de vista político, sino también religioso.

5.3.4 Patrón valorativo

En este folleto, igual que en el anterior, la voz del promotor turístico persigue, por un lado, exaltar y legitimar al bando sublevado y al subsi-guiente Gobierno franquista; por otro, desacreditar al bando y Gobierno republicanos.

Para expresar ese matiz "propagandístico y espiritual" y reforzar su posición axiológica, la voz:

- expresa de forma directa (89 %) la mayor parte de la actitud;
- cuando lo hace de forma indirecta (11 %), la actitud expresada pertenece a la categoría del juicio;
- utiliza valoraciones de signo positivo (98 %) y puntualmente de signo negativo (2 %);
- se expresa principalmente a través de la apreciación (74 %) y del juicio (21 %). El afecto se realiza de forma mínima (5 %) (véase figura 7);
- expresa la carga actitudinal de manera muy graduada, fundamentalmente a través de fuerza intensificada por repetición de elementos (37 % del total de valoraciones);
- emplea categorías híbridas en expresiones indirectas de actitud y asociaciones (sintagmas combinados polarizados) y lenguaje figurado (afecto personificado, juicio personificado y repeticiones);
- se presenta principalmente de forma monoglósica y utiliza algunas heteroglosias (*contractivas* y *expansivas*);
- recurre al empleo de indicadores de posición deíctica (uno inclusivo y nueve exclusivos), usa los términos *turista/s*, *observador*, *peregrinos* y *fieles*, el marcador temporal de tiempo futuro y apelaciones directas al lector usando imperativos.

En este caso, nos gustaría destacar algunos recursos que han sido seleccionados, expresamente, para fundamentar el sistema axiológico de este folleto turístico. La voz del promotor turístico, en este caso, usa también las formas *vosotros* y *usted* e incluye nuevos "receptores" de carácter religioso en la categoría de *ellos identitario exclusivo*. La asociación sobre el Año Santo y las apelaciones a los turistas más religiosos le dan un matiz diferente: no solo de promoción turística y propaganda política, sino también de promoción religiosa y peregrinación. Además, mediante el uso de más indicadores de posición deíctica, se crea un efecto más directo y de mayor cercanía con el lector.

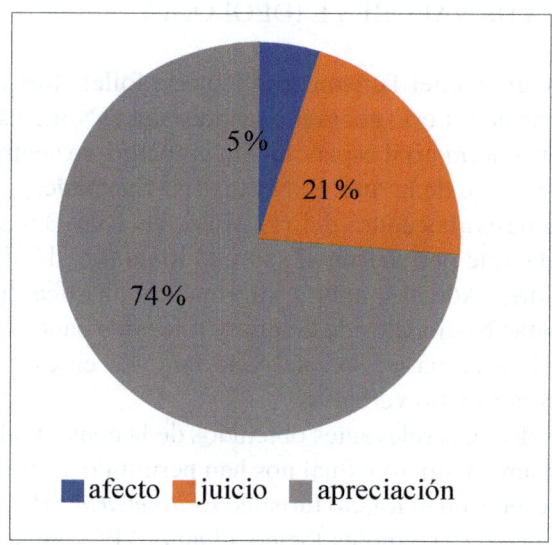

Figura 7. El sistema de la actitud en
El itinerario "P" de la Ruta de Guerra del Norte-TO

Por último, las principales diferencias entre ambos folletos en español se resumen en lo que sigue. El autor "P", a diferencia del autor "F":

- se expresa usando menos realizaciones de juicio y más de afecto;
- expresa la carga actitudinal de manera más graduada principalmente a través de fuerza cuantificada mediante lexemas aislados y fuerza intensificada mediante superlativos y por repetición de elementos, que es una categoría bastante frecuente;
- emplea más ejemplos de lenguaje figurado (afecto personificado, juicio personificado y repeticiones) y más categorías híbridas, que se localizan en los segmentos diferentes entre los dos folletos;
- se expresa de forma menos monoglósica y emplea más del doble de heteroglosias –la voz es más *contractiva*, pero también más *expansiva*–.

5.4 SISTEMA DE VALORES E IDEOLOGÍA

El Servicio Nacional del Turismo publicó este folleto turístico también sobre la base de un criterio geográfico y presenta el Norte español como escenario de la guerra civil española. Sin embargo, se centra en promocionar otro itinerario de la ruta: El Norte (Tuy-Santander) y tres lugares especiales: la desembocadura del río Miño, las Rías Bajas y Santiago de Compostela, que pertenecen al sobre el itinerario "P" de la Ruta de Guerra del Norte. Además, aporta información turística práctica. Para valorar las Rutas Nacionales de Guerra y a los dos bandos opuestos en la guerra civil española, el SNT se valió también en este ejemplar de elementos verbales y no verbales.

Los resultados más relevantes obtenidos de la contextualización y de los análisis macro- y microtextual nos han permitido abstraer el sistema axiológico presente en el folleto turístico *El itinerario "P" de la Ruta de Guerra del Norte-TO*. Como es lógico, el autor "P" comparte el mismo sistema de valores que el autor "F" (véase apartado 4.4), es decir, la polaridad entre los valores de los dos bandos enfrentados en la Guerra Civil, alabando al bando sublevado y condenando al bando republicano, y el elogio indirecto de la institución turística del bando sublevado (SNT). Además, continúa codificando la ideología del bando sublevado, que justifica las rutas como elemento de propagandístico y tenía como fin último legitimar el golpe de Estado.

Por otro lado, en *El itinerario "P" de la Ruta de Guerra del Norte-TO* se aprecia un cierto golpe de timón con respecto al otro folleto turístico, ya que el SNT se centra en la promoción de Santiago de Compostela y esta ruta como un producto de turismo religioso. Por este motivo, se dirige al lector no solo como futuro turista, sino también como futuro peregrino y fiel que está interesado en el carácter espiritual de la ruta.

CONCLUSIONES

En este último capítulo recuperamos los resultados más significativos de esta investigación interdisciplinar y presentamos las conclusiones sobre la consecución de los objetivos que hemos planteado al inicio de este trabajo. De manera paralela, reflexionamos sobre las limitaciones y los obstáculos que hemos detectado durante el proceso de investigación. Por último, ofrecemos posibles vías de estudio que se abren con esta aportación y que podrían abordarse en un futuro.

6.1 CONSECUCIÓN DE LOS OBJETIVOS

6.1.1 Conclusiones sobre la metodología de investigación empleada

Tal y como hemos probado con esta investigación, el trabajo de campo desarrollado en las diferentes localizaciones –los archivos (HAT y AGA), en la Biblioteca Nacional de España y en la base de datos Gazeta– ha sido fundamental, ya que nos ha permitido acceder a los materiales textuales y contextuales sobre los que se basa este estudio. En el terreno personal, ha resultado ser un método de investigación cualitativo muy enriquecedor para la propia autora de esta obra, quien ha tenido que poner prueba su capacidad crítica de exploración documental y de adaptación ante los datos que han ido surgiendo en el transcurso del proceso de investigación, así como su creatividad a la hora de presentar de los resultados de forma visual, estructurada, sintética y comprensible.

Por otro lado, consideramos que el trabajo de campo ha limitado nuestra capacidad de actuación en algunas ocasiones, ya que su desarrollo depende de factores ajenos al investigador. La forma de proceder en cuanto al acceso al material y su reproducción en el AGA ha sido más complicada que en el HAT de Berlín. Asimismo, el acceso libre y gratuito al catálogo digitalizado de la BNE y la búsqueda y descarga directa de los materiales de la base de datos Gazeta han resultado ser una gran ventaja.

En cuanto al análisis microtextual de los ejemplares, este ha sido muy laborioso y se ha complementado con el empleo puntual de algunas herramientas típicas del diseño cuantitativo, lo que ha permitido medir y analizar en términos numéricos los datos obtenidos. En este sentido, el estudio de caso se ha reafirmado como la opción metodológica más realista y razonable para alcanzar los objetivos de este trabajo, puesto que ha permitido abordar los tres ejemplares en detalle.

Por último, creemos que una de las limitaciones de la metodología propuesta reside en la subjetividad implícita en la localización e interpretación de los datos por parte del investigador. Con el fin de mitigar este desafío, hemos recurrido al uso de documentación y materiales contextuales reales que proporcionen evidencias objetivas sobre la realidad estudiada.

6.1.2 Conclusiones sobre la herramienta teórica propuesta

En cuanto a las conclusiones sobre la herramienta teórica que respalda este trabajo y que se basa en la unión de acercamientos sociológicos y lingüísticos a la traducción, consideramos que ha servido para investigar la relación entre la ideología y la traducción en este contexto comunicativo y cumplir con los objetivos previamente fijados.

Sin duda alguna, con este estudio se reconoce y subraya la importancia de la influencia de los factores ideológicos que determinan la producción y recepción del texto traducido y que se transmiten de manera silenciosa.

Fruto de la conciliación de estos dos tipos de acercamientos a la traducción y la metodología de investigación adoptada, ha surgido un modelo de análisis mixto que ha demostrado su utilidad y validez en el análisis global de los ejemplares seleccionados, lo que nos anima a apostar por su aplicación en futuros estudios.

6.1.3 Conclusiones sobre la fase de contextualización del modelo de análisis mixto

En este trabajo ha quedado patente que para contextualizar correctamente los folletos turísticos, ha sido necesario estudiar con detalle el periodo en el que se generaron los textos. Esto ha sido posible gracias al trabajo de campo realizado en diferentes localizaciones y a la lectura de bibliografía adicional. Los folletos analizados en los estudios de caso son un fiel reflejo del momento histórico-turístico que estaba viviendo su organismo de publicación y, en definitiva, España. Con el estallido de la guerra civil española en 1936, la promoción del turismo queda sometida a los intereses políticos de los dos bandos enfrentados en la contienda, que utilizaron también los instrumentos de promoción turística para hacer propaganda ideológica y política contra el enemigo y, con ello, manipular y adoctrinar.

Así, la propaganda turística *apolítica* promovida por el Patronato Nacional del Turismo (1928-1939) dio paso a la propaganda política de las instituciones turísticas existentes durante la guerra civil española. Sin duda, el culmen del "turismo de guerra" fue el proyecto turístico sobre las Rutas Nacionales de Guerra del SNT.

Además, en esta fase de contextualización, se ha logrado representar hipotéticamente, a través de un mapa, la red de producción del folleto turístico *El itinerario "F" de la Ruta de Guerra del Norte* en español y su traducción al alemán (1938), siguiendo las premisas de la *actor network theory* (ANT), que se presenta como una herramienta sociológica que puede aplicarse de modo exitoso a los estudios de traducción y que permite arrojar luz sobre otros participantes implicados en el proceso de traducción.

La representación visual de la red se ha llevado a cabo a través de formas geométricas como rectángulos –agentes humanos– y triángulos –elementos no humanos– con colores y formatos diferentes, lo que permite al lector entenderlas adecuadamente. Por último, nos gustaría destacar que la ausencia de líneas entre algunos elementos de la red no implica una falta de relación entre ellos, sino que esos lazos aún no se han explorado o que, quizás, jamás puedan explorarse.

6.1.4 Conclusiones sobre la fase de análisis textual del modelo de análisis mixto

La fase de análisis macrotextual se ha basado en la aplicación del concepto de género textual al análisis descriptivo y la caracterización del género textual *folleto turístico*, que es una conceptualización de la realidad turística en 1938. Este análisis descriptivo de los parámetros extratextuales y textuales de los ejemplares ha permitido obtener una radiografía de cada uno de ellos y concluir que el género *folleto turístico* (1938) guarda similitudes con el género textual correspondiente en la actualidad. En cuanto a las funciones comunicativas, se ha constatado que la función persuasiva está presente en los folletos turísticos, puesto que el último propósito de todos ellos es siempre el de persuadir al receptor, en este caso, también ideológicamente. El receptor es también un futuro cliente y se le ha denominado *lector-turista*.

La fase de análisis microtextual se ha fundamentado en la aplicación de la teoría de la valoración o *appraisal theory* propuesta por Martin y White (2005), que ha permitido identificar los patrones valorativos presentes en el discurso turístico manifestado en los folletos turísticos editados por el Servicio Nacional del Turismo en 1938, y saber cómo funcionan retóricamente las voces presentes en los textos. Así, hemos constatado que en el discurso turístico de este periodo operaba la *voz del promotor turístico*, que presenta diversos matices e invita a realizar diferentes viajes turísticos. Es decir, el propósito promocional del texto influye en el uso de los recursos valorativos observables en la voz textual. Con el fin de sostener su sistema de valores, la voz del promotor turístico se expresa mediante realizaciones de actitud indirecta graduada, heteroglosias contractivas e indicadores de posición deíctica exclusivos cuando invita al viaje propagandístico por la *España Nacional*.

Además, hemos logrado estudiar la relación interpersonal emisor-receptor, así como detectar las intervenciones y la implicación valorativa del traductor y de otros agentes, como el agente Gobierno del bando sublevado, que parece que se manifiesta a través de indicios muy cargados ideológicamente, como las que hemos denominado "asociaciones propagandísticas".

Por otro lado, este trabajo ha demostrado que, en ocasiones, la tipología propuesta por Martin y White (2005) e implementada por Munday (2012) resultaba insuficiente para analizar este contexto turístico-comunicativo tan específico, por lo que ha sido necesario añadir nuevas categorías y realizaciones valorativas propias del par de lenguas español-alemán y del discurso turístico de este periodo. La adaptación de la propuesta de Martin y White (2005) a este material objeto de estudio ha ampliado también los fundamentos teóricos de la propia teoría de la valoración, algo que sus creadores animaban a hacer desde sus inicios.

6.1.5 Conclusiones sobre la fase del sistema de valores e ideología del modelo de análisis mixto

En la última fase del modelo, la del sistema de valores e ideología, se ha adoptado una perspectiva de tipo "macroscópico" y se han interpretado los datos que se desprenden de las fases previas –contextualización y análisis macro- y microtextual– para sacar a la luz el sistema axiológico implícito en cada ejemplar y, en definitiva, la ideología de uno de los grupos de poder dominantes presentes en 1938. Se ha constatado que las tres fases del modelo de análisis mixto están interrelacionadas y se retroalimentan entre sí.

Además, hemos observado cómo se reconfigura el sistema de valores en la traducción al alemán de uno de los folletos y examinado si sufrió alguna modificación durante la traducción.

6.1.6 Conclusiones sobre los agentes implicados en los procesos de redacción y traducción dentro del Servicio Nacional del Turismo (1938)

En el presente trabajo hemos rastreado las diferentes voces presentes en los textos y en el material contextual. Estos resultados contribuyen a desmontar el mito del traductor en solitario, que concibe a los traductores como los únicos responsables de las traducciones, y nos sirven para mostrar una configuración real de las nociones de múltiple autoría traductora (Jansen y Wegener, 2013) y de la traducción como un proceso multivocal (Bassnett, 2017).

En cuanto al papel del SNT como organismo de publicación, ha quedado constatado que, al tratarse de un contexto institucional, el agente institución turística (SNT) es el *autor ejecutivo, declarativo y revisor* (Jansen y Wegener, 2013: 23-24), al tiempo que dispone de gran poder de influencia en los procesos de redacción y traducción; el resto de los agentes están siempre supeditados a él. Sin embargo, en este caso específico, por encima del agente institución turística, se encuentra el agente Gobierno. El SNT no podía actuar de manera independiente, ya que, como institución turística, representaba al Gobierno del bando sublevado, que, en aquel momento, era el grupo de poder dominante –poder político– en una parte de España. El sistema de valores y la ideología del Gobierno sublevado tampoco se alineaban necesariamente con los de parte de los españoles. Las principales *voces contextuales* (Alvstad y Assis, 2015: 3-4) son la del SNT y la del Gobierno del bando sublevado. La voz del agente Gobierno del bando sublevado es también una *voz textual* visible en el texto final (TO y TM), principalmente en las expresiones valorativas más propagandísticas.

En lo que respecta al poder del agente traductor y agente autor del TO, su agentividad estaba muy limitada por el control total de publicaciones y traducciones llevado a cabo por el Gobierno del bando sublevado, cuyo propósito fue establecer un régimen dictatorial. Recordemos, por ejemplo, lo estrictas que eran las instrucciones y normas para los turistas extranjeros que querían visitar las rutas (véase apartado 1.3).

En cuanto al agente traductor, aunque deja su impronta en el texto traducido, intenta imitar la configuración de la voz autorial original y reforzar el sistema de valores del texto. El agente traductor, que es una *voz textual* (Alvstad y Assis, 2015: 3-4), respalda el sistema de valores del bando sublevado y la finalidad propagandística de este ejemplar: moldear la imagen pública del bando sublevado y justificar sus acciones ante la opinión pública internacional. Así, las mayores variaciones entre los TO y los TM se localizan en el plano de la actitud e intensificación de la graduación. En general, el traductor elige actuar a favor del sistema. No obstante, esta decisión pudo no ser completamente voluntaria, sino haber estado influenciada por las posibles consecuencias que habría tenido para el traductor actuar de manera contraria. Este hecho demuestra que los traductores no actúan siempre con total libertad y que ellos también son *manipulados* por otros agentes, como sostiene la escuela de la manipulación (Chesterman, 1997: 39).

Además, se confirma la hipótesis de Munday (2012: 64) de que las expresiones de actitud más indirectas son las más difíciles de comprender y de traducir, y que el traductor tiende a calcar las asociaciones, también las propagandísticas.

Otro de los resultados más relevantes del análisis microtextual es el perfil que hemos logrado reconstruir sobre el lector-turista al que se dirigen los textos. Los agentes han ido dejando pistas sobre los futuros receptores.

El lector-turista español realiza una lectura complaciente del texto turístico, tiene interés por las rutas promocionadas y desea visitarlas. Los autores de los TO describen al tipo de turista que creen que visitará las rutas: en *El itinerario "F" de la Ruta de Guerra del Norte-TO* se apela directamente a un turista curioso y piadoso, mientras que en *El itinerario "P" de la Ruta de Guerra del Norte-TO* se describe un turista que, además de visitar los lugares, los observa y peregrina, por lo que este ejemplar va dirigido a un turista con creencias religiosas.

Se intuye que la voz autorial y la traducida anticipan la existencia de algunos lectores-turistas "resistentes", lectores que piensen de modo diferente y que compartan otros valores. Quizás estas resistencias pudieron proyectarse más aún en el lector-turista extranjero. Como sabemos, los folletos tuvieron un claro objetivo propagandístico y desde sus orígenes fueron diseñados para la promoción de las rutas en el exterior con el fin de justificar las acciones del bando sublevado y minimizar las críticas internacionales sobre el golpe de Estado contra el Gobierno legítimo de la República. Por este motivo, la voz autorial incide en ciertos aspectos y se encarga de crear un lector *complaciente* desde el punto de vista ideológico. En el caso del folleto *El itinerario "P" de la Ruta de Guerra del Norte-TO*, la voz autorial crea un lector complaciente también desde el punto de vista religioso. Otro fenómeno que iría en consonancia con esta tendencia propagandística hacia el exterior sería la ausencia de ejemplos de la categoría deíctica *nosotros identitario inclusivo* (todos los españoles), como ya hemos mencionado anteriormente.

Estas evidencias textuales nos hacen pensar que el lector-turista extranjero sí que tuvo influencia tanto en el proceso de redacción del folleto en español como en el de la traducción al alemán. Creemos que el grado de agentividad que ejerció el lector-turista extranjero en los procesos pudo ser mayor que el del propio autor del TO y el traductor.

En definitiva, aunque el propio contexto turístico-comunicativo institu-cional nos hace pensar que los participantes en los procesos de redacción y traducción de los folletos colaboraron entre ellos, consideramos que sí existieron relaciones jerárquicas. En la figura 8, plasmamos gráficamente las relaciones de poder entre los integrantes de la red de producción del folleto turístico *El itinerario "F" de la Ruta de Guerra del Norte-TO* y su traducción al alemán (1938). Para ello, se ha optado por visualizar la red en forma de pirámide. En la cúspide de la "pirámide de poder" se sitúa el agente Gobierno del bando sublevado, agente con más poder de influencia en la red. Por debajo se encuentra el agente institución turística (SNT). Le sigue el lector-turista extranjero, agente muy importante también, y el lector-turista español. En la base de la pirámide se encuentran el autor del TO y el traductor al alemán.

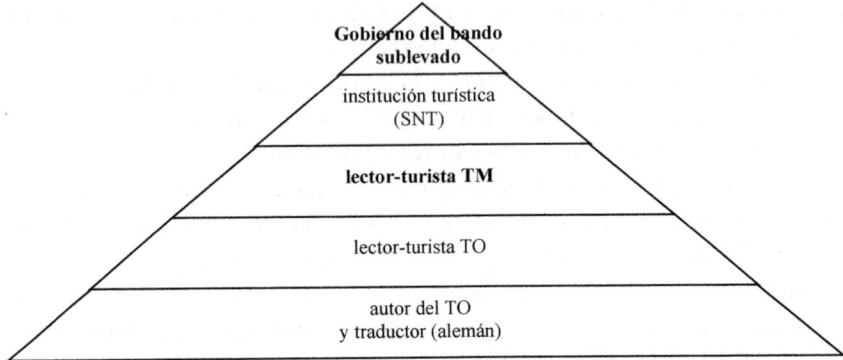

Figura 8. La pirámide de poder sobre la red de producción del folleto turístico *El itinerario "F" de la Ruta de Guerra del Norte-TO* y su traducción al alemán (1938)

6.2 FUTURAS PERSPECTIVAS DE INVESTIGACIÓN

Este trabajo abre nuevas vías de investigación que ayudarían a solventar algunas de las limitaciones que han surgido, así como a profundizar en el estudio de la relación entre la ideología, la agentividad y la traducción turística institucional. A continuación, se recogen aquellas que despiertan mayor interés.

Queda pendiente para un futuro recopilar las traducciones a otros idiomas del folleto *El itinerario "F" de la Ruta de Guerra del Norte-TO*, localizar alguna traducción del folleto *El itinerario "P" de la Ruta de Guerra del Norte-TO* y replicar el modelo de análisis mixto aquí presentado en estos textos. Esto aportaría más validación empírica a la investigación y permitiría establecer algunas generalizaciones.

Además, resultaría especialmente interesante recopilar más material contextual sobre la redacción y traducción del folleto turístico *El itinerario "F" de la Ruta de Guerra del Norte-TO* y examinar con mayor detalle las relaciones entre algunos agentes de su red de producción (1938). Esto nos permitiría conocer con más profundidad y rigurosidad cómo se desarrollaron los procesos y qué participantes pudieron tener más poder de influencia en estos.

Otra cuestión que trataremos en futuras investigaciones es la aplicación del modelo de análisis mixto propuesto a otros géneros textuales con el fin de probar su validez. Por ejemplo, nos gustaría aplicar el modelo al análisis de otros géneros turísticos generados por otras instituciones turísticas, como los artículos periodísticos de propaganda turística publicados y traducidos por el Patronato Nacional del Turismo en 1933, género que ya ha sido estudiado de modo preliminar en otra contribución (Valdenebro, 2022: 479-498).

Para finalizar, nos planteamos aplicar el modelo al análisis de folletos turísticos generados en las instituciones actuales y comparar los resultados con los del presente trabajo.

BIBLIOGRAFÍA

FUENTES PRIMARIAS

Fuentes institucionales (véase apartado 3.3)

Archivo Histórico del Turismo (Historisches Archiv zum Tourismus, HAT), situado en el Centro de Estudios Metropolitanos (Center for Metropolitan Studies) de la Universidad Técnica de Berlín (Technische Universität Berlin) (Alemania). https://www.tu.berlin/arte/hat

Archivo General de la Administración (AGA), situado en Alcalá de Henares, Madrid (España). https://www.cultura.gob.es/cultura/areas/archivos/mc/archivos/aga/portada.html

Biblioteca Nacional de España (BNE), situada en Madrid (España). http://www.bne.es/es/Inicio/index.html

Base de datos Gazeta. https://www.boe.es/diario_gazeta/index.php

Fuentes de documentación contextual (véase tabla 7)

FUENTES SECUNDARIAS

Abdallah, K. (2011). Quality Problems in AVT Production Networks: Reconstructing an Actor-network in the Subtitling Industry. En A. Serban, A. Matamala y J. M. Lavaur (Eds.), *Audiovisual Translation in Close-up: Practical and Theoretical Approaches* (pp. 173-186). Peter Lang.

Alcina Caudet, M. A. (2005). La implementación del concepto de género textual en los corpus electrónicos para traductores. En I. García Izquierdo (Coord.), *El género textual y la traducción. Reflexiones teóricas y aplicaciones pedagógicas* (pp. 93-114). Peter Lang.

Alsina, V., Espunya, A. y Wirf Naro, M. (2017). An Appraisal Theory Approach to Point of View in Mansfield Park and its Translations. *International Journal of Literary Linguistics*, *6*(1), 1-28.

Álvarez Llaneza, P. (2019). Propaganda y manipulación de masas en el siglo XX. *bie3: Boletín IEEE*, *14*, 533-545.

Alvstad, C. (2013). Voices in Translation. En Y. Gambier y L. Van Doorslaer (Eds.), *Handbook of Translation Studies* (pp. 207-210, Vol. 4). John Benjamins.

Alvstad, C. (2014). The translation pact. *Language and Literature*, *23*(3), 270-284.

Alvstad, C. y Assis Rosa, A. (2015). Voice in Retranslation: An Overview and Some Trends. *Target*, *27*(1), 3-24.

Alvstad, C., Greenall, A. K., Jansen, H. y Taivalkoski-Shilov, K. (2017). *Textual and Contextual Voices of Translation*. John Benjamins.

Andújar Moreno, G. (2019). El papel de la revisión editorial en la autoría múltiple del texto traducido: la versión española de Beautiful Children, de Charles Bock, como estudio de caso. *Sendebar*, *30*, 35-60.

Bajtín, M. (1981). Discourse in the Novel. En M. Bajtín, *The Dialogic Imagination. Four Essays* (pp. 129-422). University of Texas Press.

Bajtín, M. (1982). Hacia una metodología de las ciencias humanas. En M. Bajtín, *Estética de la creación verbal* (pp. 381-392). Siglo XXI.

Bassnett, S. (2017). Translators in search of originals. En C. Alvstad, A. K. Greenall, H. Jansen y K. Taivalkoski-Shilov (Eds.), *Textual and Contextual Voices of Translation* (pp. 119-129). John Benjamins.

Bastin, G. L. (2009). Francisco de Miranda, intercultural forerunner. En J. Milton y P. Bandia (Eds.), *Agents of Translation*. John Benjamins.

Bednarek, M. (2006). *Evaluation in media discourse: Analysis of a newspaper corpus*. Continuum.

Bhatia, V. K. (2002). Applied genre analysis: a multi-perspective model. *Ibérica*, *4*, 3-19.

Bogic, A. (2010). Uncovering the hidden actors with the help of Latour: the "making" of The Second Sex. *MonTI. Monografías de Traducción e Interpretación*, *2*, 173-192.

Bolín, L. A. (1967). *España. Los años vitales*. Espasa-Calpe.

Boll, T. (2016). Penguin Books and the Translation of Spanish and Latin American Poetry, 1956-1979. *Translation and Literature*, *25*(1), 28-57.

Brandis García, D. y Río Lafuente, M. I. del. (2015). Paisaje y cultura en la oferta y promoción del turismo en España (1875-1936). *Ería, 96*, 77-96.

Brandis García, D. y Río Lafuente, M. I. del (2016). Turismo y paisaje durante la guerra civil española, 1936-1939. *Scripta Nova, XX*(530), 527-551.

Bugnot, M. A. (2005). *Texto Turístico y Traducción Especializada. Estudio Crítico de un Corpus Español-Francés sobre la Costa del Sol (1960-2004)* [Tesis doctoral]. Universidad de Málaga.

Buzelin, H. (2005). Unexpected Allies: How Latour's Network Theory Could Complement Bourdieusian Analysis in Translation Studies. *The Translator, 11*(2), 193-218.

Buzelin, H. (2006). Independent Publisher in the Networks of Translation. *TTR, 19*(1), 135-173.

Buzelin, H. (2011). Agents of translation. En Y. Gambier y L. Van Doorslaer (Eds.), *Handbook of Translation Studies* (pp. 6-12, Vol. 2). John Benjamins.

Buzelin, H. (2013). Sociology and translation studies. En C. Millán y F. Bartrina (Eds.), *The Routledge Handbook of Translation Studies* (pp. 186-200). Routledge.

Buzelin, H. (2017). Translations "in the making". En M. Wolf y A. Fukari (Eds.), *Constructing a Sociology of Translation* (pp. 135-169). John Benjamins.

Calvi, M. V. (2006). *Lengua y comunicación en el español del turismo.* Arco Libros.

Calvi, M. V. (2010). Los géneros discursivos en la lengua del turismo: una propuesta de clasificación. *Ibérica, 19*, 9-32.

Calvi, M. V. (2011). Pautas de análisis para los géneros del turismo. En M. V. Calvi y G. Mapelli (Eds.), *La lengua del turismo. Géneros discursivos y terminología* (pp. 19-45). Peter Lang.

Calvi, M. V. (2016). Guía de viaje y turismo 2.0: Los borrosos confines de un género. *Ibérica, 3*, 15-38.

Castellano Martínez, J. M. (2018). Análisis de la traducción de textos turísticos promocionales (francés-español): tres ciudades de la Occitania. *Grand Tour, 18*, 19-39.

Castellano Martínez, J. M. (2020). Sobre el texto turístico promocional como unidad de significado: los componentes espacial, temporal y prospectiva. *Onomazein NE, VII*, 127-144.

Certeau, M. (1984). *The Practice of Everyday Life*. University of California Press.

Chesterman, A. (1997). *Memes of Translation: The Spread of Ideas in Translation Theory*. John Benjamins.

Chesterman, A. (1998). Causes, Translations, Effects. *Target, 10*(2), 201-230.

Chesterman, A. (2000). A Causal Model for Translation Studies. En M. Olohan (Ed.), *Intercultural Faultlines: Research Models in Translation Studies I: Textual and Cognitive Aspects* (pp. 15-27). St. Jerome.

Chesterman, A. (2002). Semiotic Modalities in Translation Causality. *Across Languages and Cultures, 2*(2), 145-158.

Chesterman, A. (2004). Hypotheses about translation universals. En G. Hansen, K. Malmkjær y D. Gile (Eds.), *Claims, Changes and Challenges in Translation Studies* (pp. 1-13). John Benjamins.

Chesterman, A. (2007). On the Idea of a Theory. *Across Languages and Cultures, 8*(1), 1-16.

Chesterman, A. (2009). The Name and Nature of Translator Studies. *Hermes - Journal of Language and Communication in Business, 22*(42), 13-22.

Chilton, P. (2004). *Analysing political discourse: Theory and practice*. Routledge.

Ciapuscio, G. E. (1994). *Tipos Textuales*. Eudeba.

Ciapuscio, G. E. y Kuguel, I. (2002). Hacia una tipología del discurso especializado: aspectos teóricos y aplicados. En J. García Palacios y M. T. Fuentes Morán (Eds.), *Texto, Terminología Y Traducción* (pp. 37-74). Ediciones Galmar.

Clerget, P. (1935). Le mouvement touristique. *Revue Économique Internationale, IV*, 561-573.

Coffin, C. (1997). Constructing and giving value to the past: An investigation into secondary school education. En F. Christie y J. R. Martin (Eds.), *Genres and Institutions: Social Processes in the Workplace and School* (pp. 196-230). Cassell.

Concejal López, E. (2014). Las rutas de guerra del Servicio Nacional de Turismo (1938-1939). En *Visite España. La memoria rescatada* (pp. 259-273). Biblioteca Nacional/Museo Nacional del Romanticismo.

Correyero Ruiz, B. (2004). La administración turística española entre 1936 y 1951. El turismo al servicio de la propaganda política. *Estudios Turísticos*, 163/164, 55-79.

Correyero Ruiz, B. y Cal, R. (2008). *Turismo: La mayor propaganda de Estado. España: Desde los orígenes hasta 1951.* Editorial Visión Net.

Cunico, S. y Munday, J. (2007). Encounters and Clashes. *The Translator, XIII*(2), St. Jerome, 141-149.

Dann, G. M. S. (1996). *The Language of Tourism. A Sociolinguistic Perspective.* CAB International.

Di Pasquale, M. (2012). Notes on ideology. Between power, truth and symbolic violence. *Tabula Rasa, 17,* 95-112.

Durán Muñoz, I. (2012a). Necesidades de mejora y adecuación en la traducción de textos turísticos promocionales. *Hermeneus, 14,* 263-278.

Durán Muñoz, I. (2012b). Caracterización de la traducción turística: problemas, dificultades. *Revista de Lingüística y Lenguas Aplicadas, 7,* 103-113.

Eagleton, T. (1991). *Ideology: An Introduction.* Verso.

Edwards, V. (1938). *Group Leader's Guide to Propaganda Analysis.* Columbia University Press.

Espunya, A. y Pavić Pintarić, A. (2016). Identität Und Emotionalität in Vázquez Montalbáns Carvalho Roman Los Mares Del Sur Und Seinen Deutschen Übersetzungen. En A. Pavić Pintarić, Z. Sambunjak y T. Zelić (Eds.), *Sprachliche Konstituierung Der Identität Durch Emotionalität* (pp. 127-143). Narr Francke Attempto.

Ezpeleta Piorno, P. y Gamero Pérez, S. (2004). Los géneros técnicos y la investigación basada en corpus: proyecto GENTT. En R. Gaser, C. Guirado y J. Rey (Eds.), *Insights into Scientific and Technical Translation* (pp. 147-156.). PPU-Universitat Pompeu Fabra.

Fairclough, N. (1992). *Discourse and Social Change.* Polity Press.

Fairclough, N. (1995). *Critical Discourse Analysis: The Critical Study of Language.* Longman.

Fernández Fúster, L. (1991). *Historia general del turismo de masas.* Alianza.

Folaron, D. y Buzelin, H. (2007). Introduction: Connecting Translation and Network Studies. *Meta, 52*(4), 605-642.

Fuentes Luque, A. (2005). La traducción de promoción turística institucional: la proyección de la imagen de España. En A. Fuentes Luque (Ed.), *La traducción en el sector turístico* (pp. 59-92). Atrio.

Fuentes Luque, A. y Kelly, D. (2000). The Translator as Mediatorin Advertising Spanish Products in English-Speaking Markets. En

A. Beeby, D. Ensinger y M. Presas (Eds.), *Investigating Translation* (pp. 235-242). John Benjamins.

García Izquierdo, I. (2002). El género: plataforma de confluencia de nociones fundamentales en didáctica de la traducción. *Discursos: Estudios de Traduçao, 2*, 13-21.

García Izquierdo, I. y Monzó Nebot, E. (2003). Una enciclopedia para traductores. Los géneros de especialidad como herramienta privilegiada del traductor profesional. En R. Muñoz Martín (Ed.), *IAETI. Actas del I Congreso Internacional de la Asociación Ibérica de Estudios de Traducción* (pp. 83- 97). Asociación Ibérica de Estudios de Traducción.

García Izquierdo, I. y Monzó Nebot, E. (2003). Una enciclopedia para traductores. Los géneros de especialidad como herramienta privilegiada del traductor profesional. En R. Muñoz Martín (Ed.), *IAETI. Actas del I Congreso Internacional de la Asociación Ibérica de Estudios de Traducción* (pp. 83- 97). Asociación Ibérica de Estudios de Traducción.

Gentzler, E. y Tymoczko, M. (2002). *Translation and Power*. University of Massachusetts Press.

Guerra Lyons, J. D. y Herrera Bonilla, M. (2017). El compromiso en la Teoría de la Valoración: conceptos y aplicaciones pedagógicas. *Forma y Función, 30*(2), 51-69.

Halliday, M. A. K. y Matthiessen, C. (2014). *Halliday's Introduction to Functional Grammar*. Routledge.

Halliday, M. A. K. (1978). *Language as Social Semiotics*. Edward Arnold.

Hermans, T. (1996). The translator's voice in translated narrative. *Target, 8*(1), 23-48.

Hermans, T. (1999). *Translation in Systems. Descriptive and Systemic Approaches Explained*. St. Jerome.

Hermans, T. (Ed). (1985). *The Manipulation of Literature*. Croom Helm.

Hood, S. (2010). *Appraising Research: Evaluation in Academic Writing*. Palgrave Macmillan.

House, J. (2011). *Translation Quality Assessment: A Model Revisited*. Gunter Narr.

Hurtado Albir, A. (2001). *Traducción y traductología: introducción a la traductología*. Cátedra.

Hyland, K. (2000). *Disciplinary Discourses. Social Interaction in Academic Writing*. Longman.

Inghilleri, M. (2005). The Sociology of Bourdieu and the Construction of the 'Object' in Translation and Interpreting Studies. *The Translator*, *11*(2), 125-145.

Jansen, H. (2017). Unraveling multiple translatorship through an e-mail correspondence: Who is having a say? En C. Alvstad, A. K. Greenall, H. Jansen y K. Taivalkoski-Shilov (Eds.), *Textual and Contextual Voices of Translation* (pp. 133-157). John Benjamins.

Jansen, H. y Wegener, A. (2013). Multiple Translatorship. En H. Jansen y A. Wegener (Eds.), *Authorial and Editorial Voices in Translation: Collaborative Relationships between Authors, Translators, and Perfomers* (pp. 1-42). Vita Traductiva, Editions québécoises de l'œuvre.

Jones, F. (2009). Embassy networks: Translating post-war Bosnian poetry into English. En J. Milton y P. Bandia (Eds.), *Agents of Translation* (pp. 301-325). John Benjamins.

Kaplan, N. (2004). Nuevos desarrollos en el estudio de la evaluación en el lenguaje: La Teoría de la Valoración. *Boletín de Lingüística, 22,* 52-78.

Kaptelinin, V. y Nardi, B. A. (2006). *Acting with Technology: Activity Theory and Interaction Design.* MIT Press.

Kelly, D. (1997). *Prensa e identidad nacional. La imagen de España en la prensa británica* [Tesis doctoral]. Universidad de Granada.

Kelly, D. (1998). The Translation of Texts from the Tourist Sector: Textual Conventions, Cultural Distance and Other Constraints. *TRANS*, *2*, 33-42.

Khalifa, A. W. (2014). *Translators have their say? Translation and the power of agency.* LIT.

Kinnunen, T. y Koskinen, K. (Eds.). (2010). *Translators' Agency.* Tampere University Press.

Kölbl, J. (2020). 'Mädchen' für alles? Alieen Palmer als Übersetzerin und Dolmetscherin in den medizinischen Einheiten des Spanischen Bürgerkrieges. En J. Kölbl, I. Orlova y M. Wolf (Eds.), *¿Pasarán? Kommunikation im Spanischen Bürgerkrieg* (pp. 114-129). New Academic Press.

Kölbl, J., Orlova, I. y Wolf, M. (Eds.). (2020). *¿Pasarán? Kommunikation im Spanischen Bürgerkrieg.* New Academic Press.

Koskinen, K. (2000). *Beyond Ambivalence. Postmodernity and the Ethics of Translation.* University of Tampere.

Lambert, J. y Van Gorp, H. (1985). On describing translations. En T. Hermans (Ed.), *The Manipulation of Literature* (pp. 42-53). Croom Helm.

Latour, B. (1996). On actor-network theory: A few clarifications. *Soziale Welt 47*(4), 369-381.

Latour, B. (2005). *Reassembling the Social: An introduction to Actor-Network Theory*. Oxford University Press.

Maier, C. (2007). The Translator as an Intervenient Being. En J. Munday (Ed.), *Translation as Intervention* (pp. 1-17). Continuum.

Martin, J. R. (2000). Beyond exchange: Appraisal systems in English. En S. Hunston y G. Thompson (Eds.), *Evaluation in text: Authorial stance and the construction of discourse* (pp. 142-175). Oxford University Press.

Martin, J. R. (2011). Multimodal semiotics: Theoretical challenges. En S. Dreyfus, S. Hood y M. Stenglin (Eds.), *Semiotic margins: Reclaiming meaning* (pp. 243-70). Continuum.

Martin, J. R. y White, P. R. R. (2005). *The Language of Evaluation: Appraisal in English*. Palgrave Macmillan.

Mendizábal, N. (2006). Los componentes del diseño flexible en la investigación cualitativa. En I. Vasilachis de Galdino (Coord.), *Estrategias de investigación cualitativa* (pp. 65-105). Gedisa Editorial.

Meseguer Cutillas, P. (2014). *La traducción del discurso ideológico en la España de Franco* [Tesis doctoral]. Universidad de Murcia.

Milton, J. y Bandia, P. (Eds.). (2009). *Agents of Translation*. John Benjamins.

Molina, L. y Hurtado Albir, A. (2002). Translation Techniques Revisited: A Dynamic and Functionalist Approach. *Meta, 47*(4), 498-512.

Monzó Nebot, E. (2002). La traducción jurídica a través de los géneros: el transgénero y la socialización del traductor en los procesos de enseñanza/aprendizaje. *Discursos: Estudos de Tradução, 2*, 21-36.

Monzó Nebot, E. y Diaz Fouces, O. (2010). Com és una sociologia aplicada a la traducció? *MonTI. Monografías de Traducción e Interpretación, 2*, 19-28.

Moreno Garrido, A. (2010). El Patronato Nacional del Turismo. Balance económico de una política turística (19281932). *IHE Octubre 2010*, 103-134.

Munday, J. (2007). Translation and Ideology. A textual approach. *The Translator, 13*(2), 195-217.

Munday, J. (2012). *Evaluation in Translation: Critical Points of Translator Decision-Making*. Routledge.

Munday, J. (2013). *Introducing Translation Studies: Theories and Applications*. Routledge.

Munday, J. (Ed.). (2007). *Translation as Intervention*. Continuum.

Nobs, M. L. (1996). Introducción a la problemática específica de la traducción de textos procedentes del campo del turismo. En E. M. Iniestra Mena (Ed.), *Perspectivas hispanas y rusas sobre la traducción. Actas del II Seminario Hispano-Ruso de Estudios de Traducción* (pp. 239-253). Universidad de Granada.

Nobs, M. L. (2003). *Expectativas y evaluación en traducción de folletos turísticos: estudio empírico con usuarios reales*. Universidad de Granada.

Nobs, M. L. (2006). *La traducción de folletos turísticos: ¿Qué calidad demandan los turistas?* Comares.

Nord, C. (1997). *Translating as a Purposeful Activity: Functionalist Approaches Explained*. St. Jerome.

Pack, S. D. (2009). *La invasión pacífica*. Taurus.

Paloposki, O. (2009). Limits of freedom: Agency, choice and constraints in the work of the translator. En J. Milton y P. Bandia (Eds.), *Agents of Translation* (pp. 189-208). John Benjamins.

Paloposki, O. (2010). The Translator's Footnotes. En T. Kinnunen y K. Koskinen (Eds.), *Translators' Agency* (pp. 86-106). Tampere University Press.

Ponce Márquez, N. (2008). Ejercicio comparativo de un texto turístico original español con su traducción al alemán como fundamento metodológico para alumnos de los primeros años de traducción. *RAEL: Revista Electrónica de Lingüística Aplicada*, 7, 55-78.

Pulpillo Leiva, C. (2014). La configuración de la propaganda en la España nacional (1936-1941). *La Albolafia: Revista de Humanidades y Cultura*, 1, 115-136.

Pym, A. (1998). *Method in translation history*. St. Jerome.

Río Lafuente, M. I. del (2016). Cultura y paisaje en la política turística del primer franquismo (1939-1956). *Estudios geográficos*, 77(281), 443-467.

Rioja Barrocal, M. (2008). *Traducción inglés-español y censura de textos narrativos en la España de Franco: TRACEni (1962-1969)* [Tesis doctoral]. Universidad de León.

Santulli, F. (2007). Il discorso procedurale come tratto distintivo della guida turistica. En G. Garzone y R. Salvi (Eds.), *Linguistica. Linguaggi specialistici. Didattica delle lingue* (pp. 227-240.). CISU.

Sela-Sheffy, R. (2005). How to be a (Recognized) Translator: Rethinking Habitus, Norms, and the Field of Translation. *Target, 17*(1), 1-26.

Simeoni, D. (1998). The Pivotal Status of the Translator's Habitus. *Target, 10*(1), 1-39.

Snell-Hornby, M. (1988). *Translation Studies: An Integrated Approach.* John Benjamins.

Solberg, I. H. (2017). The voice of the implied author in the first Norwegian translation of Simone de Beauvoir's Le deuxième sexe. En C. Alvstad, A. K. Greenall, H. Jansen y K. Taivalkoski-Shilov (Eds.), *Textual and Contextual Voices of Translation* (pp. 181-199). John Benjamins.

Solum, K. (2017). Translators, editors, publishers, and critics: Multiple translatorship in the public sphere. En C. Alvstad, A. K. Greenall, H. Jansen y K. Taivalkoski-Shilov (Eds.), *Textual and Contextual Voices of Translation* (pp. 39-60). John Benjamins.

Suau Jiménez, F. (2001). El género y el registro en la traducción del discurso profesional: un enfoque funcional aplicable a cualquier lengua de especialidad. *Revista Culturele.*

Suau Jiménez, F. (2012). Páginas web institucionales de promoción turística: el uso metadiscursivo interpersonal en inglés y español. En J. Sanmartín (Ed.), *Discurso Turístico e Internet* (pp. 125-154). Iberoamericana Vervuert.

Swales, J. (1990). *Genre Analysis: English in Academic and Research Settings.* Cambridge University Press.

Tahir-Gürçağlar, Ş. (2007). Chaos Before Order: Network Maps and Research Design in DTS. *Meta, 52*(4), 724-743.

Tanodi, B. (2000). Documentos históricos. Normas de transcripción y publicación. *Cuadernos De Historia. Serie Economía Y Sociedad, 3,* 259-270.

Toury, G. (1980). *In Search of a Theory of Translation.* Tel Aviv: The Porter Institute for Poetics and Semiotics, Tel Aviv University.

Toury, G. (1995). *Descriptive Translation Studies and Beyond.* John Benjamins.

Toury, G. (2004). *Los estudios descriptivos de traducción y más allá. Metodología de la investigación en Estudios de Traducción* (R. Rabadán y R. Merino, Trads.). Cátedra.

Tymoczko, M. (1990). Translation in Oral Tradition as a Touchstone for Translation Theory and Practica. En S. Bassnett y A. Lefevere (Eds.), *Translation, History and Culture* (pp. 46-55). Printer.

Tymoczko, M. (2000). Translation and Political Engagement: Activism, Social Change and the Role of Translation in Geopolitical Shifts. *The Translator*, 6(1), 23-47.

Tymoczko, M. (2002). Connecting the Two Infinite Orders. Research Methods in Translation Studies. En T. Hermans (Ed.), *Crosscultural Transgressions. Research Models in Ttranslation: Studies II: Historical and Ideological Issues* (pp. 9-25.). St. Jerome.

Tymoczko, M. (2003a). Ideology and the Position of the Translator: IN what Sense is a Translaton 'In Between'? En M. Calzada Pérez (Ed.), *Apropos of Ideology: Translation Studies on Ideology – Ideologies in Translation Studies* (pp. 181-201). St. Jerome.

Tymoczko, M. (2007). *Enlarging, Translation, Empowering Translations.* Routledge.

Tymoczko, M. (2014). How distinct are formal and dynamic equivalence? En T. Hermans (Ed.), *The Manipulation of Literature* (pp. 63-86). Routledge.

Tymoczko, M. (Ed.). (2010). *Translation, Resistance, Activism.* University of Massachusetts Press.

Tyulenev, S. (2014). *Translation and Society: An Introduction.* Routledge.

Valdenebro Arenas, M. (2017). Los signos no verbales en la propaganda ideológica del bando franquista a través de un folleto turístico [comunicación virtual]. En A. Bueno García (Coord.), *Curso DEL SIGNO AL SÍMBOLO. La utilización de signos no verbales en la comunicación.* https://sites.google.com/view/signo/curso-2017/comunicaciones-virtuales

Valdenebro Arenas, M. (2018). Turismo y traducción como instrumentos al servicio de la propaganda ideológica del Estado durante la Guerra Civil española: Estudio lingüístico y traductológico. En E. Hernández Socas, J. J. Batista Rodríguez y C. Sinner (Eds.), *Clases y categorías lingüísticas en contraste. Español y otras lenguas* (pp. 177-193). Peter Lang.

Valdenebro Arenas, M. (2020). Los comienzos del discurso turístico institucional en España a través de la hoja de ciudad Cádiz en español y su traducción al alemán: estudio lingüístico y traductológico. En A. Bueno García, J. Králová y P. Mogorrón (Eds.), *De la hipótesis a la tesis en traducción e interpretación* (pp. 33-42). Comares.

Valdenebro Arenas, M. (2022). Siguiendo a Theodor Mahlau (1907-1985): Un traductor polifacético en tiempos de la Segunda República Española. En M. Ibáñez Rodríguez, C. Cuéllar Lázaro y P. Masseau (Eds.), *De la hipótesis a la tesis: traductología y lingüística aplicada* (pp. 479-498). Comares.

Vallejo Pousada, R. (2019). Turismo durante la Guerra Civil, 1936-1939: el impacto de la guerra en un sistema turístico en formación. *Revista de Historia Industrial*, *75*, 97-132.

Vallejo Pousada, R. y Concejal López, E. (2018). La política y la administración turística durante la Guerra Civil. En R. Vallejo Pousada y C. Larrinaga Rodríguez (Dirs.), *Los orígenes del turismo moderno en España. El nacimiento de un país turístico, 1900-1939* (pp. 381-420). Sílex.

Van Dijk, T. A. (1997). *Ideology and Discourse: A Multidisciplinary Introduction*. Pompeu Fabra University.

Vandaele, J. (2017). Silenced in translation: The voice of Manolito Gafotas. En C. Alvstad, A. K. Greenall, H. Jansen y K. Taivalkoski-Shilov (Eds.), *Textual and Contextual Voices of Translation* (pp. 159-180). John Benjamins.

Vences Fernández, S. (2001). Traducción e ideología. En J. Ríos Vicente y M. Agís Villaverde (Coords.), *Simposio Internacional de Filosofía Identidad y cultura: reflexiones desde la Filosofía* (pp. 265-280). Universidade da Coruña.

Venuti, L. (1995). *The Translator's Invisibility: A History of Translation*. Routledge.

White, P. R. R. (2000). *Un recorrido por la Teoría de la Valoración (Teoría de la Valoración)* (E. Ghio, Trad.). http://www.grammatics .com/appraisal/spanish_tr/spanishtranslation-appraisaloutline.pdf

White, P. R. R. (2015). Appraisal Theory. En K. Tracy, C. Ilie y T. Sandel (Eds.), *The International Encyclopedia of Language and Social Interaction* (pp. 1-7). John Wiley & Sons, Inc.

White, P. R. R. (2011). Appraisal. En J. Zienkowski, O. Östman y J. Verschueren (Eds.), *Handbook of Pragmatic Highlights 8: Discursive Pragmatics* (pp. 14-36). Benjamins.

Williams, J. y Chesterman, A. (2002). *The Map: A Beginner's Guide to Doing Research in Translation Studies*. Routledge.

Wolf, M. (ed.) (2006). *Übersetzen – Translating – Traduire: Towards a «Social Turn»?* LIT.

Wolf, M. y Fukari, A. (Eds.). (2007). *Constructing a Sociology of Translation*. John Benjamins.

Enlaces electrónicos

Normas de transcripción paleográfica. https://artxiboa.mendezmende .org/es/normativas/transcripcion-paleografica.html

Real Academia Española. (s. f.). *Diccionario de la lengua española* (23.ª ed.). https://dle.rae.es

The Appraisal framework. https://www.grammatics.com/appraisal/